U0676165

中国基础教育高质量发展丛书

总主编◎陈如平

校本教研探索

杨 清◎编著

山东友谊出版社

·济南·

图书在版编目（CIP）数据

校本教研探索 / 杨清编著. --济南：山东友谊出版社，2022.2

（中国基础教育高质量发展丛书）

ISBN 978-7-5516-2487-9

Ⅰ.①校… Ⅱ.①杨… Ⅲ.①中小学—教学研究 Ⅳ.①G632.0

中国版本图书馆CIP数据核字（2022）第026215号

校本教研探索
XIAOBEN JIAOYAN TANSUO

责任编辑：李　丹
装帧设计：刘洪强

主管单位：山东出版传媒股份有限公司
出版发行：山东友谊出版社
　　　　　地址：济南市英雄山路189号　邮政编码：250002
　　　　　电话：出版管理部（0531）82098756
　　　　　　　　发行综合部（0531）82705187
　　　　　网址：www.sdyouyi.com.cn
印　　刷：济南乾丰云印刷科技有限公司

开本：710 mm×1 000 mm　1/16
印张：11　　　　　　　　　　字数：198千字
版次：2022年2月第1版　　　印次：2022年2月第1次印刷
定价：68.00元

目录

第一章

研之有理
——校本教研的本质透视

随着经济的高速发展、社会对创新性人才需求的加剧，人们对学校教育和教师的要求越来越高。但是，在现实生活中，我们经常会产生这样的困惑：为什么教师们已经系统学习了教育学和心理学，考取了教师职业资格证，但还是不会教学生？事实上，得到教师职业资格证只是拿到了一把打开教师专业成长机会的钥匙而已。学校是教师专业发展的主阵地，以校为本的教研活动能切实有效地提高教师的实践智慧，促进教师有效地解决教育实践中的问题。也就是说，校本教研是解决课堂教学实际问题和促进教师专业发展的有效途径。

20 世纪 60 年代前后，校本教研在英美伴随着"教师即研究者"运动而兴起。随着这一课题不断发展，越来越多的人认识到：如果没有教育实践者参与，特别是没有教师参与，那么教育研究的成果就无法很好地被运用于教育实践。斯腾豪斯曾指出："如果没有得到教师这一方面对研究成果的检验，那么就很难看到如何能够改进教学，或如何能够满足课程规划。如果教学要得到重大的改进，就必须形成一种可以使教师接受的，并有助于教学的研究传统。"[1] 将学校实践活动与教育研究活动密切结合在一起，大力倡导学校教师参与教育研究，这成为一种研究趋势。校本教研由此应运而生，并广泛进入学校教育教学改革与发展之中。在中国，虽然校本教研这一概念的正式提出是在 2002 年，但自 20 世纪初，我国学校教研活动就一直存在。

---

[1] 瞿葆奎主编，叶澜等选编.教育学文集·教育研究方法［M］.北京：人民教育出版社，1988：16.

第一节 校本教研的内涵与特点

一、校本教研的内涵

校本教研是指在学校中以教师为主体组织发起并以改进教育教学实践、促进教师专业发展为指向的教学研究活动。校本教研中的"校本"，英文是School-based，大意是"以学校为基础""以学校为中心"。这里的"学校"主要是指中小学学校；"教研"指教学研究，之所以是"教学研究"而非"教育研究"或"教学科研"，主要是为了与教师专业发展及深化课程改革保持一致。校本教研强调的是教学实践活动与教学研究的紧密结合，是一种根植于教学实践的研究活动，研究的结果直接用于改进学校的教学实践，以促进学生的发展、教师专业素养的提升和学校教育质量的提升，而教育研究范围较宽，缺乏针对性；教学科研则有忽视教学实践之嫌，故使用教学研究为宜。

另外，校本教研与时下较热的校本培训虽然有一些共同点，但这是两个不同的概念与活动。校本教研是起点和基础，校本培训是方式与工具——校本教研通过对教学实践中存在的问题、矛盾等的洞察和解读，为校本培训提供了针对性很强的素材与内容，同时为提高教师教学能力和专业素养提供了条件，以推进学校教学质量的提升。具体说来，校本教研有以下三个方面的涵义：

第一，从根本目的上看，校本教研是为了改进学校教育教学实践、促进教师专业发展。以校为本的教研活动以教师专业成长、学校教育质量的提升为根本目的，它要解决的是教师在教学实践中所面临的真实问题，以更好地促进学生发展和教师的专业成长，进而提升学校教育质量。校本教研关注的一般不是宏观层面的抽象问题，而是教师在日常教学中遇到的、迫切需要解决的真实问题，这种真实情境中的教育教学问题一般具有一定的复杂性。所以，在解决这类问题时，不能局限于某一学科的主张或某一种理论见解，而要主动吸纳各种有利于问题解决的经验、知识、技能和策略；不能局限于抽象的、笼统的决策和问题解决模式，而要在全面把握理论的基础上，根据具体实践中的情境要素，找到解决具体问题的具体对策。当然，强调学校实际问题的解决并不等于忽视一般的理论与原理，只不过对校本教研来说，只是更强调从具体到一般。从实践到理论再从理论又回到具体的实践中，这是一位教师深刻而灵活地领会理论并运用于教学实践之中的过程。

第二，从实践主体上看，校本教研必须依靠本校教师来进行。不同于其他教研方式，虽然校本教研不排斥与其他教研单位进行合作，但是本校教师才是校本教研的主力军。校本教研要充分考虑学校和教师的实际情况，把学校各类资源和教师的积极性充分地利用和调动起来，让教师从自己面临的真实问题的思考中得以发展，让学校的生命活力得到彻底释放。这种源于教师实际需求、为了教师真实发展、依靠教师真正参与的校本教研才能够保持其动力的强劲与持久。过去那种中小学教研活动往往是在"局外人"——那些专业研究人员、行政领导以及上级部门的领导等的指导下进行的，虽然他们有特定的研究视角和研究方法，但是他们很难对学校的实际问题、教师的课堂教学实践有真切的体会和全面的把握，因此这种教研活动既不能解决学校教学中的实际问题，也不能有效地促进教师的专业发展。基于学校和教师实际的教研活动充分考虑到了学校与教师的实际需求，结合学校发展的需要和教师的兴趣开展活动，真正体现了教师在学校和自身专业发展中的主体地位。

第三，从实施方式上看，校本教研活动要注意理论与实践的研究"融合"。校本教研一方面强调"通过实践"来研究，需要教师在日常教学实践过程中及时发现和解决问题，而不是让教师脱离自己的日常教学工作到另外的地方做研究；另一方面强调必须要有"理论思考"，浅层次的实践探索只能归结为经验总结，其有效性的范围非常有限，只能用于特定的、具体的情境之中。因此，只有基于理论的实践研究，才具有一定的生命力，经得起时间的检验。在传统的教育研究中，理论与实践的严重脱节使得教育的理论研究者和实践探索者都渴望在教育研究的理论与实践之间寻求一种"融合"，使理论研究能获得丰富的实践经验的支撑，而具体的实践行为又能基于对理论的理解而形成某种策略。实现这种"融合"的最佳方式就是在教师通过自我反思、同伴互助和专业引领的基础上，开展有效的校本教研。当然，校本教研必须以本校教师为主体，出发点是教师在教育实践中遇到的真实问题，落脚点是改进学校教育教学实践，提升学校教师专业水平，但是如何确定校本教研的出发点，如何解决学校在教育实践中产生的问题，以及如何确定校本教研的组织与实施过程，都是可以通过请专业研究人员或其他人员参与研讨、进行理论学习和思考研究来推进的。

二、校本教研的意义

首先，校本教研促进了教学研究。一直以来，由于受科学主义的影响和束缚，教育研究中的教学理论研究走的是上层路线，这使得教学理论严重脱离了教学实践，离教师越来越远，也就越来越不能用于指导教学实践。一方面，教学理论工作者为他们的理论不能指导教学实践而感到疑惑；另一方面，教师越发对理论疏远，认为教学理论研究过于"高大上"，因为不接地气而不能指导实践。校本教研正好弥补了他们双方的缺憾，一方面，教育理论研究者与教师可以基于对实践经验的分析和提炼，用构建理论的方法来填平理论研究与经验研究之间的鸿沟；另一方面，教师可以与教学理论研究者一起，从行动中提出理论，来源于实践的理论必然更具有针对性和生命力，进而能更好地指导教学实践；同时，教学理论在接受具体实践的检验后，可以不断地被修正。校本教研虽然是基于实践、为了实践，但在这个过程中，教师与理论研究者的合作可以为理论与实践的研究搭建桥梁，推进整个教学研究的发展。

其次，校本教研促进了学校教育质量的提升。校本教研本身是以教师真实的实际需求为出发点的，与教师的教育实践联系紧密。学校和教师根据自身面临的问题、实际发展的需求来提出相应的研究主题并进行研究。其研究结果直指教学实践的效果，能够有效改进学校教学质量。校本教研活动能够有效解决以往研究脱离实践的问题，突破以往教师教育中的工学矛盾；充分调动本校的教育资源，节约时间和物质成本，减轻教师负担；同时促进了教育理论研究与实践探索的紧密结合，让广大教师不再远离研究，而是通过课题分析、经验交流、课堂研讨等方式，充分发挥理论对实践的指导作用，使广大教师在校本教研活动中不仅能认识到学习教育理论的重要性，而且能在教育实践中自觉地进行反思和研究。

再次，校本教研促进了教师的专业发展。随着20世纪60年代"教师即研究者"运动的兴起，教师在教学实践和教育改革中的作用得以重新被认识。越来越多的人认识到，如果学校教育的改进没有教师的参与，那么教育质量不可能实现真正的提升，教育理论研究中的成果也无法真正地运用于学校教育教学实践中；而且，如果没有教师对理论研究成果的实践检验，那么就很难看到教育研究是如何改进教学的。同时，皮亚杰的研究也表明，中小学教师正是因为脱离了科学研究才使他们失去了应有的学术声誉和专业地位，不能像医生、律师、科学家等人一样享有受人尊敬的专业地位。教师只有通过参加教育科学研究才能使自身获得应有的尊严，使教育学成为"既是科学的又是生动的学问"。[1]正是在这个意义上，英国著名课程论专家斯登豪斯认为，教学实际上是一个课程探究的实验过程，研究应该成为教学的基础，并明确提出"教师即研究者"的思想。[2]教师是教学的负责人和执行者，是课堂和学校的潜在的观察者，教师在教学中研究教育的内容和方法，在种种的价值冲突中做出自己的选择和判断，以便理性地解决复杂的问题。从这个意义上讲，教学不再是单纯的"搬运工"。无论从哪个角度来理解"研究"，都不能否认教师拥有大量的研究机会和一定的研究能力，所以，每一位教师都是教育科学研究的成员。校本教研为教师参与研究提供了平台和空间，教师不再是教研活动的局外人或旁听者，而是研究活动的参与者和主力军；教师不再是教育理论的单纯接受者，而是发现问题、解决问题的实践者，是尝试构建理论的研究者。与此同时，校本教研改变了以往的学校教研活动与在职培训在目标内容上的单一和方法上的僵化，满足了教师的个性特点，为实现教师的个性发展提供了可能。正是在这个意义上，校本教研显示出越来越强的生命力。

---

[1] 何晓雷，王嘉毅.校本教学研究引论 [J].现代中小学教育，2004（1）：15—17.

[2] 高慎英，刘良华.论"教师成为研究者"——斯登豪斯及其"人文课程研究"[J].外国教育研究，2002（6）：51—54.

三、校本教研的类型

按照不同的标准，校本教研可以划分为不同的类型。不同的研究者从不同的角度对此进行了分类。

（一）以组织形式为划分标准

校本教研的组织形式是多种多样的，包括学校与校外机构的合作，学校之间的合作，学校内部的教师群体合作以及教师自发开展的研究活动等。以组织形式为划分依据，根据参与人员的构成与教师的自主程度可以把校本教研分为以下三种：

一是学校与校外专业研究者合作的校本教研活动。这类合作以充分利用校内外资源为特征，在双方结成伙伴合作关系的基础上开展教研活动。学校首先要对校外研究者进行选择，尤其要基于本校实际需要，选择专业对口的、确实对实践有影响的专业研究者，维持一个稳定的合作关系；其次，学校可以采用多种方式来进行合作，但要注意的是，专业研究者必须以"伙伴"而非"专家"的身份参与到教研活动中，这样才能保证双方合作的愉快和融洽，加强合作的有效性。当然，这种校本教研一定要以中小学教育教学实践中的真实问题为出发点，以中小学教师为主体，对上述问题真正有深刻体会与全面把握的是校长和教师，故在双方关系的处理上不可喧宾夺主。

二是学校组织层面上开展的校本教研活动。这种校本教研活动包括校际间与学校内部两种形式，它有着参与人员多、涉及范围广、活动针对性较强等一系列特点，是最能体现"校本"教研特点的一种类型。无论是学校组织发起的还是以校际间合作开展的校本教研活动，都会成为提高学校教育质量、促进教师专业发展的有效渠道。学校层面的校本教研在洞察学校教学实践、改进学校教学工作和形成学校特色与个性等方面具有突出的优势，但这需要一个前提，那就是学校要有自主自决的校本教研能力，精心选择研究主题，有序组织研究活动，及时总结研究结论，否则活动将是盲目的和毫无意义的。在学校内部组织的活动中，比较常见的是学科教研组的教研活动。教研组围绕新课程的实施，坚持以学科教学内容为载体，通过同学科教师全员参与，互相切磋，相互启发，解决实践问题，达到共同提高教学水平的目的。当前随着课程整合研究的推进，跨学科的教研活动也成为必然趋势，不同学科的教师，围绕教育教学工作中出现的共同问题或者是相关问题，协同研究，探讨一般规律。

三是在教师层面上开展的校本教研活动。这类活动是指由教师个人自发组织开展的教研活动，由于这种活动以教师的实际需求和兴趣为转移，因此，它又被称为"师本"教研活动。有人指出，"师本"不可等同于"校本"。"师本"是教师从自己的需求出发，按照自己的理论见解提出问题、分析问题和解决问题；而"校本"注重学校的需要，从学校的整体发展来考虑问题并以此规范教师的行为，不一定能充分满足教师的自身发展需求，可能会忽视教师个性发展与个性差异。[1]虽然二者是有区别的，可双方更多地表现了一种统一的关系，校本活动的有效推动是以"师本"为基础的，如果没有"师本"，校本教研活动便失去了意义；而"师本"活动的顺利进行则是校本教研活动充分开展的结果与体现。因此，"师本"教研活动与校本教研活动并不矛盾。

（二）以功能为分类标准

依照校本教研的功能，校本教研可被划分为四种类型，即适应型校本教研、引导型校本教研、诊断型校本教研和激励型校本教研。[2]

---

[1] 代蕊华.对教师校本培训的反思[J].高等师范教育研究，2003（2）：55—58.

[2] 韩江萍.校本教研制度的回顾与展望[J].教育实践与研究，2006（8）：4—8.

适应型校本教研是为适应教育教学改革需要而进行的集体攻关式的教研活动。在"行动教育"理论指导下的校本教研活动方式就是适应型校本教研活动方式的典型代表。这种活动方式集中了大家的智慧，是一种集体攻关式教研，在新课程实施中起典型引路的作用。

引导型校本教研是将教育教学改革中涌现出来的优秀教师的优质课当作引导型示范课而进行的教研活动。引导型校本教研借鉴教师在示范课、公开课、优质课中积累的经验，集中本校或其他学校在校本教研的实践中创造的一些优秀成果，采用示范课的方式，对其他教师发挥引导作用。具体做法是：在学校或学区范围内，预先公布教研活动主题，由两位以上的骨干教师同课异构，通过比较分析，形成共识，然后其他教师再到各自教学中进行探索试验。

诊断型校本教研是以广大教师的课堂教学为对象，运用观察诊断技术，借助一定的观察工具和评价标准，针对具体问题对每一位教师的课堂教学进行观察，搜集课堂信息，并对此进行评价、分析，指出所存在的问题，提出改进建议，得出诊断性结论，以此来指导每一位教师不断改进教学的教研活动。在诊断型校本教研中，如何对教师的课堂教学准确把脉、提出恰当的改进意见和建议是关键。

激励型校本教研是采用鼓励竞争的办法，通过评选优质课的方式，激励教师积极参与校本教研。教师作为校本教研的主体，大多在学校担负着繁重的教学任务，而教师是否具有参与校本教研的积极性，直接影响着实际教研效果的好坏。因此，激励型校本教研关注对教师积极性的调动。但需注意的是，学校要注意引导教师之间开展良性的竞争来激励教师。

适应型和引导型校本教研在教育教学改革中具有明显的优势，是专家倡导的有效的教研类型，在教育教学改革中发挥了重要作用，但其也有局限性。这两种活动方式往往只适用于少数骨干教师，广大教师只能是间接的参与者，而不能成为直接的实施者。教师作为校本教研的主体，校本教研应该真正成为教师全员的主体行为。因此，在校本教研制度建设中，需要重视由广大教师直接实施的诊断型校本教研和激励型校本教研这两种活动方式。

四、校本教研的基本特点

校本教研重在"以校为本"，它既不同于理论研究者的教学研究，也不同于教研员直接介入教学实践的研究。校本教研是基于学校教学实践中的问题，为了促进学校发展和改进教学，通过对教学实践的思考研究，依靠学校教师得以实现的，这决定了它具有以下特点：

首先，校本教研必须基于课堂教学实践。《普通高中课程方案》（2017年版2020年修订）指出："健全以校为本的教学研究制度，建立平等互助的教学研究共同体，倡导自我反思与同伴合作，营造民主、开放、共享的教学研究文化，鼓励和支持教师进行教学方式改革的探索，形成教学风格和特色。"这意味着，校本教研必须从本校的实际情况出发，根据本校的校情、学情和师情、教情，从特定情境出发。只有这样，才能确保校本教研是"以校为本"的——问题产生于课堂教学的具体情境之中，问题的探讨基于教师对具体课堂教学情境的思考和实践，问题的解决也在课堂教学之中，伴随着目标的达成得以实现。校本教研只有完全立足于课堂教学实践，使之成为"天然实验室"，才能获得应用性学科所需要的实践品格和"学术生命力"，从而焕发出蓬勃的教研生机。这意味着校本教研是基于课堂的、微观的研究，而不是宏观叙事型研究；是强调解决实践问题的应用型研究，而不是抽象的理论研究。当然，这并不意味着校本教研就完全拒绝教育理论的指导。2001年基础教育课程改革以来所兴起的后现代主义课程理论、多元智能理论、建构主义理论、核心素养相关理论研究、深度学习理论等，都是校本教研中必要的理论支撑，但理论本身并不能直接解决问题，理论甚至不能直接被运用于教育实践中，理论一定是要基于对实践的分析、对情境的融入才能发挥作用，而校本教研就是要在教育理论指导下改进课堂教学实践，这才是关键。

其次，校本教研必须促进学生全面发展。学生既是教师教学实践的对象，也是校本教研的缘由与根本目的。之所以学生是校本教研的缘由，是因为课堂上师生互动中可能出现的问题，引起教师的关注和反思，便形成了校本教研的相应研究主题，从而使感性的、经验性的情境走向系统的、有深度的教研，进而通过教研解决问题、提升教学质量。学生是校本教研的根本目的，是因为促进学生全面而有个性的发展是整个学校教育的根本价值追求。"一切为了学生，为了一切学生，为了学生的一切"，这应当是每位教师和教育研究者的终极目标。如果离开了学生的全面发展和核心素养提升，校本教研也就失去了存在的价值和意义。校本教研的关键，其实就是研究每个学生在课堂学习乃至学校教育活动中的特殊形态，研究其参与深度、广度、质量和人格品质的发展状态，研究学生如何建构知识而不是如何占有和获取知识，关注学生在课堂学习中所获得的发展广度和深度，使之最终趋向对既有能力和素养的整体性超越。总之，从学生出发，又回归到学生，通过校本教研改进课堂教学实践、促进学生全面而有个性的发展，这是校本教研的本质要求和内在规定。

最后，校本教研必须重视教师的经验积累与教学反思。校本教研与一般理论研究不同，教师作为校本教研的主体，较之于教育理论研究者而言，具有独特而有待深入开发的"研究资源"，即教师长期参与教育教学实践活动所获得的丰富经验。教师在课堂教学特定情境中所累积起来的感性经验，往往具有丰富的教研价值，但需要教研主体对它们进行仔细地梳理、分析、提炼和升华。所以，校本教研一定要重视教师的经验积累，既不能盲目迷信经验，完全排斥理论研究——毕竟经验往往只适用于特定的情境，只有对经验进行提炼和提升，才可能让经验发挥更大的作用；也不能忽略经验的积累，因为经验中富含着重要的研究价值。但教师经验的积累与教师自身多层面、多向度的反思密不可分。缺乏反思，经验就只能成为教师的一种简单体验。教学反思是教师以自己的教学活动为思考对象，对自己的教育教学策略、行为、过程及结果作审视和解剖。尤其要反思教育教学实践中师生关系是否和谐，反思教学中的缺憾和漏洞，敢于自我批判、自我否定。至于对各种教育理论的学习，也需通过教研主体的反思而予以内化、进而融入自身实践。这样，经过教师自我反思后的经验就不仅是教师个人的精神财富，也是教师群体的研究资源，对教师个人以及群体的教育教学实践甚至教研实践都将产生积极而深远的影响。

第二节　我国校本教研发展的历史与展望

"校本教研"是伴随着课程改革的推进而提出的，虽然正式提出是在2002年，但我国学校教育中教师的教研活动却有着一百多年的历史。教师的校本教研活动的兴衰与我国学校教育发展密切相关，在一百多年的发展过程中，校本教研的理念、方式、内容、主体、动机等有了新的变化。伴随着我国社会发展和教育的发展，校本教研将在规范化、自觉化、专业化、网络化方面有一些新的突破。

一、我国校本教研发展的历史脉络

（一）萌芽时期：20世纪初—1949年

学校教学研究活动应当是我国"学校"出现以后的事物。在1898年清光绪帝首次颁布《改书院兴学校谕》之前，各地自设私塾，采取个别教学方式，注重个别指导与时文精熟，既不分班也不分科，教学活动相对比较简单，不存在比较正式的教师教学研究组织和相应活动。

清朝末年，在我国停科举而学校未普设的转型期，曾倡行"改良私塾"，出现了"教课细章一会"的教师活动形式。"各教习教课细章一会中，须公推一人主政，庶课程划一。各教习须平心商酌，化私见而顾大局"。[1]
教学研究组织的"分组"特性，决定了其必然是学校形成一定规模之后的
产物。因此，尽管"教课细章一会"中各教习教师按时聚会，集思广益规
划各科教材的配合，但它实际上属于"教务会谈"的性质，算不得真正的"学
校教学研究组织"。

　　到了民国时期，随着我国现代学制的建立，以及美国儿童本位主义学
说、各种教学模式的不断涌入，南方规模较大的中小学除校长及教务、事
务或总务、训育各主任外，开始设立各种会议及委员会，以处理校务、研
究教学。[2]当时的教育部设立了从省到区的各级教育会，规定教育会"得
设各项研究会及讲演讲习等会……以会员决议事项建议于教育厅"[3]。
据此，有的县区教育会组织举办了"教员研究会"或"教育研究会"，定
期或临时召集县区教育会会员和视学、师范学校及中小学的校长和教员代
表等，进行中小学的"普通研究"或"分科研究育部"。[4]

　　此后，为规范起见，政府相关部门陆续出台了有关教育、教学研究的
各项文件。1935 年 3 月 7 日，国民政府教育部公布《省、市中学、师范教
育研究会办法大纲》，其中所列研究会成员包括中学校长，但与一般教师
无关。国民政府教育部同日公布的《初等教育辅导研究办法大纲》，要求
各省市分别组织从全省市到学区的各级初等教育研究会，研究小学行政、
课程、教学方法、训育方法等问题，其中"学区初等教育研究会"的主要
成员为本学区小学的校长及教员、幼稚园的主任及教员。1936 年 7 月，国

［1］转引自刘群英.我国中小学教研组研究［D］.华东师范大学硕士学位论文，2007：12.

［2］吴研因，翁之达.三十五年来中国之小学教育［A］//商务印书馆主编.最近三十五年之中国教
　　育［M］.上海：商务印书馆.1931：4—23.

［3］"教育部"修正教育会规程［N］.申报，1919.11.24（2）.

［4］转引自刘群英.我国中小学教研组研究——从历史发展的角度［D］.华东师范大学硕士学位论文，
　　2007：13.

民政府教育部修正公布《小学规程》，对《初等教育辅导研究办法大纲》进行了重申，并补充规定"小学有教员五人以上者，应组织教育研究会，研究改进校务及教学训育等事项"。

1939 年，国民政府教育部发布《中等学校行政组织补充办法》，规定在中学教务处下分设教学、注册、设备三组，其中教学组长由教务处主任兼任，组内设组员或干事若干，协助组长完成教学实施、研究、指导包括升学及就业指导、实习指导等事项。1941 年，国民政府教育部继而发布《中等学校各科教学研究会组织通则》，要求中学"依所设学科情形"组织国文、算学、外国语、社会、自然、艺术、体育等各科教学研究会，由该区中学教育研究会辅导，从事课程标准实施结果之讨论、教学方法之研究、乡土教材之搜集、每学期教学进展之预定、学生课外作业之规划及指导、教员进修与阅读图书杂志之报告及讨论等教学研究事项。

这一时期的"教学组"属于学校行政机构附属的组织，负责教学实施与教学研究，虽有教师代表参与，其成员为非行政人员。而各科"教学研究会"包括以上所有各类"研究会"，属于官方主导的学术性社会团体，主要从事有关课程、教材及教法等的研究改进工作。1949 年以前，虽然在我国中小学校并不存在专门的教学研究组织，但并不缺乏教师的"教学研究"活动。受制于当时的学校规模和教师数量，这种学校内部各学科教师的教学研究不甚普遍。

（二）模仿时期：1949 年—1956 年

新中国成立初期，百废待兴。学校教育质量不高，广大教师的教育理论与实践水平亟待提升，通过学校教学研究来提高教师能力、提升学校教育质量成为国家教育建设发展的当务之急。

与当时的社会建设一样，我国的教育改革也经历了一段较长的"学苏"时期。1949 年 12 月，教育部召开了第一次全国教育工作会议，确定教育工作必须为国家建设服务的总方针。会议强调："建设新教育是一个长期的奋斗过程。要以老解放区新教育经验为基础，吸收旧教育的某些有用经验，借助苏联的经验，来建设新民主主义的教育。"[1]苏联在1938年颁布并于1947年修订了《中小学教学法研究工作规程》《农村小学教师联合教学法小组规程》和《区教育研究室规程》。规程明确建立"教学法小组"并提出其基本任务："'教学法小组'的总领导是校长，组织者为教导主任，其主要任务是系统地提高教师思想政治水平；研究和宣传优秀教师与教导员的工作经验，尤其在教学方法上帮助缺少经验的新教师；培养教师在理论问题上独立钻研的熟练技巧。"[2]

在"以苏为师"的背景下，我国逐步建立了以苏联"教学法小组"为蓝本的"教研组"。新中国成立初期，少数学校在教育行政部门的安排下，开展了教研活动。如新中国成立初尝试的小学学制改革，当时教育部根据苏联专家的意见，取消了小学四、二分段制，尝试五年一贯制。1950年6月，教育部初等教育司选定北京六所小学从秋季开始进行小学五年一贯制的课程改革实验工作。这六所小学是北京师范大学一附小、二附小，育才小学，北京师范学校一附小，北京三区二中心小学和六区一中心小学。[3]

学校教研组最先是在高校成立的。"教学研究组"这一组织名称是高校研究组研究了苏联大学的教学研究工作之后，于1950年确定的。苏联大学中设有关于各学科研究的组织，主要任务是改进教学工作、领导学术研究，训练研究生与教学、科研工作结合，提高师资科学、文化、政治水平。

[1]《中国教育年鉴》编辑部.中国教育年鉴（1949—1984）[M].北京：中国大百科全书出版社，1984：147.

[2] 中华人民共和国教育部翻译室，北京师范大学教育学教研室翻译室译.苏联普通教育法令选译[M].北京：人民教育出版社，1955：328—329.

[3] 中央教育科学研究所编.中华人民共和国教育大事记（1949—1982）[M].北京：教育科学出版社，1984：20—21。

当时将其翻译为"教学研究指导组"。在 1950、1951 年高校课程改革工作中，各校迅速地建立起教学研究指导组，简称教研组。[1]

中小学校学科教研组和学校教学研究会议制度是在 1952 年正式确立的。1952 年 3 月 18 日，教育部颁发《中学暂行规程（草案）》和《小学暂行规程（草案）》两个文件。在文件中就中小学学科教研组的建立和学校教学研究会议制度作了明确规定。《中学暂行规程（草案）》第 33、34 条规定"中学各学科设教学研究组，由各科教员分别组织之，以研究改进教学工作为目的。每组设组长一人，由校长就各科教员中选聘之（在班级较少的学校，教学研究组得联合性质相近的学科组织之）。""各科教学研究会议由各科教学研究组分别举行之，以组长为主席，校长、教导主任分别参加指导。其会议为讨论及制定各科教学进度、教育教学内容及教学方法。各科教学会议每两周举行一次，必要时得举行联席会议。"[2]

《小学暂行规程（草案）》第 37 条规定："由全体教师依照学科性质，根据本校具体情况，分别组织研究组，各组设组长一人，主持本组教导研究会议，研究改进教学内容和教导方法，并交流、总结经验。教导研究会议每两周各举行一次，必要时得召开临时研究会议并得联合各研究组举行联席会议。规模较小的小学，不能举行教导研究会议的，得由同地区内几所小学联合举行。"[3]"由于小学规模不大，且大都采取教师'包班制'，即一个教师要教一个班级大部分以至全部课程。故起初只有中学有教研组的设置，小学教研多采取'教导研究会议'的形式。"[4]学校在开展教

[1] 毛礼锐，沈灌群主编.中国教育通史（第六卷）[M].济南：山东教育出版社，1989：66.

[2] 中央教育科学研究所编.中华人民共和国教育大事记（1949—1982）[M].北京：教育科学出版社，1984：188.

[3] 《中国教育年鉴》编辑部.中国教育年鉴（1949—1984）[M].北京：中国大百科全书出版社，1984：728.

[4] 陈桂生.普通教育学纲要[M].上海：华东师范大学出版社，2009：213.

研活动时，"主要采用集体备课，举办观摩课、公开课，开展相互听课、评课，召开经验交流会、定期业务例会等形式"[1]。

值得一提的还有，《小学暂行规程（草案）》第 15 条规定"市、县得按照行政区划和小学分布的情况，选择区内一所或两三所基础比较好、地点比较适中的小学为中心小学。在教育行政部门领导和工会协助下，组织区内各小学进行业务研究、政治学习，并交流经验"[2]。此项政策规定成为我国后来长期实行的"中心小学辅导制度"的重要政策依据。"中心小学辅导制度"为我国小学校际之间加强业务联系、办好小学提供支持。

（三）探索时期：1957 年—1966 年

因为对"学科教学研究组织"缺乏具体而权威的规定，在实践中便出现了不同的解读：有些学校将"学科教学研究组织"称为"教学小组"，也有学校叫作"教学法小组"；有些学校将学校教学研究活动的重点放在听评课上，也有学校放在检查教师批改作业、抽查教师教学计划和教案上。为此，1957 年 1 月 21 日，教育部专门颁布了《中学教学研究组工作条例（草案）》及《关于〈中学教学研究组工作条例（草案）〉的说明》，对教研组的性质、任务和工作内容进一步作出了明确说明："中学教学研究组（简称教研组）是各科教师的教学研究组织。教研组的性质是教学研究组织，不是行政组织的一级；组织教师进行教学研究工作，总结、交流教学经验，提高教师思想、业务水平，以提高教育质量；学习有关中学教育的方针、政策和指示，研究教学大纲、教材和教学方法；结合教学工作钻研教育理论和专业科学知识，总结、交流教学和指导课活动的经验。"[3]

［1］ 王永和.教研组建设简论［M］.上海：华东师范大学出版社，2008：3.

［2］《中国教育年鉴》编辑部.中国教育年鉴（1949—1984）［M］.北京：中国大百科全书出版社，1984：727.

［3］ 何东昌主编.中华人民共和国重要教育文献（1949—1975）［M］.海口：海南出版社，1998：720.

由此可见，对于校本教研的基本组织——教研组，自确立之日起，从性质上说就是教学研究组织。从目的上说是为了提高教师素养、提升教育质量。从任务上说一是学习与落实相应教育政策，研究大纲；二是学习先进的教育理论，钻研教材教法；三是基于实践进行交流和研究。

这一时期出台的《中学暂行规程（草案）》与《小学暂行规程（草案）》，是我国现行学校教学研究组织最早的法规依据，标志着教学研究组织以国家法律文件的形式在我国中小学正式确立。1957年《中学教学研究组工作条例（草案）》的颁布，推动了我国中小学教学研究组织走出照搬苏联的模式，开始积极思考并加强自身组织建设。这为保障全国中小学教育教学的有序进行，培训教师、提高教师的教育教学实践能力，提升学校教育质量发挥了重要作用。正如有研究者所言：“保证了党和国家的教育方针政策得以顺利落实，是新中国基础教育奠基的一个重要组成部分。”[1]但是，相应政策的出台并不意味着校本教研工作得以全面而深入的展开，由于当时特定的历史背景，尽管当时中小学内部教研体系已经初步建立，也尝试开展一些教研活动，但学校教研活动大多围绕上级指示进行，真正根据学校自身需要开展的自主教研活动较少。因此，从某种意义上说，这一时期校本教研确立的意义大于对当时学校教育带来的影响，因为它成为此后近70年我国校本教研发展和完善的“源头”。

（四）低谷时期：1966年—1976年

1966年至1976年是我国“文化大革命”的十年。持续十年的“文革”对我国的教育事业造成严重破坏。大学停止招生；大批专家、教授被诬为“反动学术权威”，遭到残酷批斗。“四人帮”一伙鼓吹“读书无用”，

---

[1] 梁威，卢立涛，黄冬芳.中国特色基础教育教学研究制度的发展［J］.教育研究，2010（12）：77—82.

他们倒行逆施的做法，导致社会道德观念和青少年科学文化素质大幅滑坡。

1966 年，中共八届十一中全会通过《中国共产党中央委员会关于无产阶级文化大革命的决定》，其中第十条"教学改革"提出"改革旧的教育制度，改革旧的教学方针和方法，是这场无产阶级文化大革命的一个极其重要的任务。在这场文化大革命中，必须彻底改变资产阶级知识分子统治我们学校的现象。"[1]

这一时期，由于国家并未颁行新的教学计划与教学大纲，而旧有的教学计划与教学大纲已被"砸烂""废除"，所以各省地市之间在基本学制、教学要求等方面并无统一标准，因而，从总体上看，这一时期的学校教学管理基本上处于无序状态。"教育部和省、市、县各级教育行政部门除拨发教育经费外，对教学、行政等工作难以进行领导和指导，没有统一的学制、教学计划、教学大纲教材，没有统一的规章制度，随意停课停学。"[2]中小学学校的正常教学秩序受到了严重破坏，学校教研活动随时被政治、生产等活动挤占，教研活动难以正常、有效地组织开展，因此，这一时期我国中小学的教研活动几乎瘫痪。

（五）恢复时期：1977 年—1984 年

随着"文化大革命"的结束，基础教育面临着恢复学校正常教学秩序的艰巨任务。1978 年，学校教学工作在"拨乱反正"的政策下开始恢复到教学为主的正常教学秩序上来。同年，教育部对 1963 年颁布的《全日制中学暂行工作条例（试行草案）》《全日制小学暂行工作条例（试行草案）》进行了修订。条例要求教师"教好功课，钻研教材，改进教学方法，提高

---

[1] 中央教育科学研究所编.中华人民共和国教育大事记（1949—1982）[M].北京：教育科学出版社，1984：405.

[2] 《中国教育年鉴》编辑部.中国教育年鉴（1949—1984）[M].北京：中国大百科全书出版社，1984：138.

教学质量";"教育行政部门和学校应加强对教学工作的领导,注意组织教师研究教材和教学方法,帮助水平较低、经验较少的教师提高教学质量;特别强调要充分发挥教学研究组的作用,注意集体研究,有经验的教师要帮助新教师";在教学内容方面,要求"全日制中学必须切实加强基础知识的教学和基本技能的训练。"[1]这在一定程度上反映了当时我国中小学开展教研活动的基本风貌。

在此期间,为了尽快恢复学校正常的教学秩序,教研组作为当时的学校基层组织形式,除了原先担负的教学研究任务之外,同时也被赋予了更多的行政管理职责,比如备课、考勤、协调等。

为了提高教师教学能力、促进教师专业成长、保障学校教学研究活动的正常开展,在"文革"后学校教研的恢复发展期,我国中小学主要采取侧重集体研究讨论的"集体备课"与注重优秀教学经验传承的"师徒结对"教研形式,教研内容侧重要求教师在分析教材的基础上,加强对学生的"双基"(基础知识与基本技能)训练,这对于稳定当时中小学教学秩序、提高学校教学质量、促进新教师快速成长等作用巨大。

(六)规范时期:1985 年—1999 年

从 1985 年开始,我国基础教育进入了一个新的发展时期,不断深化的教育改革对我国中小学学校教研也提出了新要求。从 1986 年到 1992 年,国家教委连续颁布了若干个政策文件[2],在中小学教学观念、教学计划、教学方法等方面提出了改革的新思路。为深化落实这些改革思路,1997年 10 月 29 日,国家教委印发《关于当前积极推进中小学实施素质教育

---

[1] 转引自李松.我国中小学教研 60 年:反思与展望[J].当代教育科学,2014(17):15—19.

[2] 1988 年国家教委印发了《关于全日制普通中学端正办学方向、纠正片面追求升学率倾向的督导评估的几点意见》;1992 年国家教委印发了《九年义务教育全日制小学、初级中学课程计划(试行)》和《二十四个学科教学大纲(试用)的通知》等。

的若干意见》，文中强调：中小学要认真执行课程计划，加强对教学过程的管理，要建立相应的制度。广大教师要更新观念，在新的教学观指导下，进行教学方法、学习指导方法和考试方法的改革，提高教学质量和效益。充分发挥学生的积极性、主动性，指导学生学会学习，使学生真正成为学习的主体。

国家教委提高了对各级教研部门的重视，召开了各级会议，发布了系列重要文件。1986年秋季全国中小学教材审定委员会召开全国教研室主任会，重点总结了1985年前教研室的工作。会上，时任国家教委副主任何东昌在讲话中用"不容忽视""不可替代"表达了对教研工作的充分肯定和高度评价。1990年，国家教育委员会发布《关于改进和加强教学研究工作的若干意见》，明确了教研部门的作用，规范了教研工作的职能，将其工作重点确定为教学研究、教学指导和教学管理三方面。

这一时期，中小学普遍建立了教研组，学校的集体备课制度和教研组集体学习、研讨制度普遍落实，四级教研体制至此基本确立，成为中国独特的教学管理模式。在素质教育改革的时代背景下，我国中小学教研工作的重点从以往注重钻研教材、关注教学程序的备课活动，逐渐过渡到关注学生的主体性作用，教研形式也呈现出多样化趋势。既有"走出去"，向本区兄弟学校学习；又有"请进来"，请高校教育专家团队对本校教育研究进行理论指导。多种教研形式的出现，丰富了我国中小学教研活动方式，扩大了学校的教研活动范围，学校师资队伍整体素养逐渐提高。

（七）创新时期：2000年至今

2001年，为贯彻《中共中央国务院关于深化教育改革全面推进素质教育的决定》以及《国务院关于基础教育改革与发展的决定》，教育部发布了《基础教育课程改革纲要（试行）》。为了满足新课程改革的需要，2002年，教育部组织相关专家在江苏省昆山市召开了"以校为本"教研制度研讨会，会议首次提出了建立"以校为本"的教研制度。[1] 2002 年 12 月 30 日教育部颁发的《教育部关于积极推进中小学评价与考试制度改革的通知》中提出，"学校应建立以校为本、自下而上的教学研究制度，鼓励教师参与教学改革，从改革实践中提出教研课题"，这是"校本教研"首次出现在教育部的正式文件之中。2003 年 1 月 22 日至 23 日，全国基础教研制度教育工作会议提出了当年工作的十个要点，其中之一即是要"开创以校为本的自下而上的教研制度"。2003 年底，84 个区县教育局被教育部基础教育课程改革重点项目"创建以校为本教研制度建设基地"确立为"全国首批创建以校为本教研制度建设基地"，这标志着校本教研建设正式进入实践探索阶段。此后，校本教研就成为推进新课程改革、促进教师专业发展、提高教学质量的重要举措。

与此前的学校教研活动相比，这一时期不仅正式提出了"校本教研"，而且更强调"以校为本"，着力解决本校在教育教学实践过程中面临的问题与挑战，以促进本校教师专业发展、提高本校教育教学质量为目的，破解教师在教育教学过程中面临的难题，以促进学生的全面发展为最高标准，实现学校的特色发展。在实践探索中，各校根据自身特点逐步探索形成了多个行之有效且切合本校发展需要的教研新模式，如微型课题式、问题驱动式、师本教研式、研训一体式、共同发展式等。

从对校本教研发展历史的梳理可以看到，一百多年来，以校为本的教学研究活动发生了一些显著变化。

一是从教研理念上看，这一时期我国中小学教研在理念上发生了由教师为中心向教师为主导、学生为主体的观念转变。教研开始更多地从学生

［1］ 韩江萍.校本教研制度的回顾与展望［J］.教育实践与研究，2006（8）：4—8.

的兴趣、身心发展特点出发，关注课堂教学如何更好地促进学生的学习。

二是在教研方式上，学校教研活动除了集体备课、师徒帮带以及围绕优质课、公开课、示范课、说课、评课等开展的传统教研活动方式外，还积极探索出了许多丰富多彩的教研新模式，开拓了教研活动方式由单一到多元发展的良好新局面。

三是在教研主题上，在完成教学进度、教学任务的前提下，学校针对课程、教学、管理等方面的现实问题展开深入研究，真正意义上实现了学校教与研并重的突破，而不再局限于"备课"或者"教学"。

四是从教研内容上看，教研活动从对课程大纲和教材的解读到对教师课堂教学实践中遇到的真实问题的探讨，实现了从"外"在解读到"内"在关注的转变。

五是在教研主体上，虽然自教研组产生之日起就非常强调教师彼此之间的作用，但时至今日，对教师专业共同体的关注才成为重点，教师群体形象才越来越突出。

六是从教研动机上，虽然教研组在产生之初重在完成学校教育教学任务，提高学校教育质量，但现在日益强调通过校本教研活动改进课堂教学、促进学校的特色内涵发展，提升教师的教育研究能力、促进教师的专业发展，从而更好地促进学生全面而有个性地发展。

二、我国校本教研发展的展望

（一）我国校本教研研究的发展趋势

国内关于"校本"的研究始于 20 世纪 90 年代初，其研究的领域主要是校本课程和校本管理。2002 年，随着教育行政部门相关文件正式出现了"校本教研"，有关校本教研的研究日益增加。校本教研必须以学校为基地，以教师为主体，以课程实施过程中学校所面临的各种教学具体问题为对象，以行动反思为基本形式开展教学研究工作，成为这一时期研究者的共识。与此同时，研究者分别从校本教研制度、校本教研与教师专业发展、校本教研的活动方式、校本教研活动的优化、校长在校本教研中的作用等方面进行了探讨。但是，目前仍然存在一些问题，如概念内涵模糊、研究内容空缺、研究方法单一等。为此，对校本教研的研究应在以下五个方面有所突破。

其一，加强对校本教研的基本理论研究。在目前与"校本教研"相关的文献资料中，"校本培训""校本研训""教育科研""行动研究"等名词大量充斥其中，但这些概念之间的区别究竟是什么？内在的联系又是什么呢？"校本教研"来源于传统的教研，但肯定与传统的学校教研活动有所区别，两者究竟有什么样的区别，能不能同时在学校里开展？"校本教研"是基于"校本"的"教学研究"还是"教育研究"？校本教研制度是针对各级各类学校的研究制度，还是只适用于中小学特有的研究制度？校本教研的"质的规定性"究竟包含哪些具体的内容？关于校本教研的内涵中，有很多内容需要进一步加强研究，因为这些问题在很多教师观念中还不太明晰，即使是对于教育理论研究者来说，校本教研与相关概念的逻辑关系亦存在一定的混乱，所以，校本教研相关的基础理论研究需要进一步分析、梳理和完善。只有加强校本教研的基本理论研究，对校本教研有更清晰的认识才能形成校本教研的独特意识。将校本教研作为促进学校发展的动力，鼓励和推动有利于校本教研的行为，建设一支结构合理的校本教研队伍，多视角、全方位、大幅度地推动学校针对自身教育教学特点开展校本教研工作，才能真正实现以研究促进学校和教师的发展。

其二，加强对国内外先进经验的研究和学习。从校本教研的发展历史来看，我国的校本教研具有丰富的经验。但与此同时要看到，国外在校本教研的理论与实践方面的研究也有值得学习与借鉴之处。一方面，学校在推进校本教研的过程中，要积极学习国内外已有的先进经验；但另一方面，不能盲目照搬国内外的相应理论和实践模式。对先进经验的学习与借鉴，其根本目的是为了提高校本教研的有效性、优化教育教学实践和管理策略，形成本校的教育教学特色，提升学校持续发展的能力。所以，在学习过程中要特别注意克服教条主义，避免机械照搬、盲目照抄。为此，首先，要注意选择适合本校特点的校本教研经验，尤其是要选择与本校实际情况具有相似之处的先进经验，这样，更容易让先进经验落地；其次，对"是什么""为什么""怎么样"等问题，在学习时必须不断思考和研究，绝不能追求单纯的模仿和简单的移植；再次，要着重研究和学习先进校本教研的成长道路，力求效"法"而不效"仿"。无论是学校领导还是普通教师都要努力成为校本教研的开拓者和实践者，做到时时、处处、事事都在"走自己的路"，努力让校本教研表现出独特而稳定的校本特色。

其三，加强对校本教研研究的反思。目前校本教研虽然很"流行"，但实施不到位，达不到理想效果。这虽然是多方面原因造成的，但其中一个重要方面是因为对当前相应研究缺乏校本的反思。毋庸置疑，校本教研是基于教师的自我反思得以实现的，反思是促进校本教研从个体化的自生自在形态走向群体性的自觉自为形态的动力，然而仅仅局限于一时的几个人或几个方面的反思是远远不够的，只有加强校本教研对于元研究方法的应用程度，着力打造一种整体的反思文化，并努力使其成为校本教研参与者的一种思维方式和研究习惯，才能更有利于对学校教育所囊括的各个层面的问题展开全方位的研究，提升校本教研理论的解释力度，推进其整体的科学化、合理化，提高其有效性。因此加强对当前校本教研理论研究和实践探索的反思，对其内容和方法等进行深度剖析，才可能使得校本教研的理论解释有质的飞跃，而这种质的飞跃，不仅有利于丰富校本教研研究，更有利于改进和推动校本教研的实践，提高校本教研的有效性。

其四，重视对校本教研的实证研究。当前关于校本教研的研究更多的表现为思辨和演绎方式，虽然也有实证研究且数量在日益增加，但总体还是不多。校本教研本来就是一种应用型研究，是为了实践、在实践中进行的研究。因此，校本教研的研究必须关注实践，善于借助实证研究的工具和方法。广义的实证研究方法泛指所有经验型研究方法，如调查研究法、实地研究法、统计分析法等，狭义的实证研究方法是指利用统计和计量分析方法，对校本教研活动中的数据信息进行数量分析，考察校本教研活动的各有关因素的相互影响及其影响方式的方法。任何对研究现状的了解和分析一开始都是用数据说话的，但凡对立的观点都需要用事实和数据来说服对方、赢得公众。将个案研究和大规模的调查研究相结合，形成庞大的数据生成网络，以此来对校本教研的制度及其实践效果进行考察分析，这是当前需要着力解决的问题。当前尤其需要对校本教研现状进行调查研究和实证分析，只有这样，才能够为校本教研的改进奠定坚实的基础，才能更好地指导校本教研实践。

其五，推动对校本教研研究的多元化。从历史的发展来看，校本教研作为学校里的一种教研活动，其观念、主题、内容和方式都在不断发生变化。校本教研的创新将带动整个学校教育工作的创新。因此，对校本教研的研究应该拓展思路、不断创新。但是，值得注意的是，选择科学的和先进的思维方式至关重要，如逆向思维、超前思维、系统思维、非线性思维等。要善于运用独特的思维品质，既要大胆质疑，勇于创新，又要深刻领悟，分析提炼；要善于发现并分析校本教研的具体问题，提高校本教研的实用性和有效性，探寻校本教研的创新思路；要善于运用先进的教育教学理论，思考教研参与者应该怎样理解和看待已有的校本教研、怎样建构校本教研的意义和生成相应的价值体系、怎样建构新的校本教研活动并发挥它们在校本教研制度创新中的作用等问题。当然，观念的单一化对创新具有巨大的制约作用，所以，要积极倡导研究的多元化观念，多维度、多视角地开展校本教研创新，这对传统教研的改进和发展具有重要意义。

（二）我国校本教研实践的未来展望

校本教研作为学校内一种具有历史积淀、发展活力和生命力的活动，虽然目前仍然存在很多问题，但它的价值追求是值得人关注的。校本教研正在创造一种积极的学校文化，引导教师自觉地投入到关注现实问题、研究教学实践中去。虽然我国不同学校具体的校本教研主题、内容和方式不同，但仍具有一些内在的、共同的趋势。

一是制度化。即校本教研将从非常态化、偶然性活动向规范化教学制度转变。从历史的发展来看，学校的教研活动虽然断断续续一直存在，但缺乏明确的制度安排，往往是一种非常态的、单个的活动状态。随着课程改革的深化，校本教研的价值得以体现，校本教研将作为一种基本的学校管理制度确立下来，成为学校知识生产的一种重要路径，促进学校的发展与教师的专业成长。为此，有研究指出，校本教研制度的建构主要包括以下五个方面：教学管理制度、教研活动制度、课题管理制度、教师学习培养制度、教师评价制度。[1] 在制度层面之下，对不同的群体要有不同的关注点。比如普通教师要关注教研素养和学习能力的提升；教研员和教研组长要关注教研活动的组织策划和实效；校长和学校行政干部要关注学校整体教育教学质量，关注学校文化和制度的构建。教研制度建立之后还要有明确分工，建立相应的责任制和评价考核制，为创设一种新型的教研文化和学校文化奠定基础。区域和学校层面要关注校本教研制度的建立与实施，以制度促进校本教研的规范化、科学化和合理化。

---

[1] 韩江萍.校本教研制度：现状与趋势 [J].教育研究，2007（7）：89—93.

二是自觉化。即教师将从非自觉向自觉状态转变，校本教研成为教师自身发展的内在需求。从我国教研活动的发展来看，最初的学校教研活动是一种"外推"式的，自上而下进行，为了完成教学任务必须对教材教法进行分析。即使校本教研被正式提出之后，学校实践所遇到的首要问题就是教师观念尚未转变、相应能力准备不足，加之教师工作压力大，疲于应对教学与各种检查，没有时间和精力对日常教学进行深入思考和分析，所以校本教研的有效度不高。在校本教研推进过程中，各地又不同程度地出现了低水平重复、实施不规范和内驱力不足等问题。出现这些问题的根源在于，教师在校本教研中的状态更多的是一种被动的、非自觉的状态。随着课程改革的推进，教师的这种被动消极状态成为迫切需要解决的核心问题。如何使教师从非自觉状态走向自觉状态呢？正如有研究者所提出的，校本教研制度的管理要从刚性制度向人力资源开发的角度转变，学校要倡导一种教师研修、自我完善的文化氛围，制定一系列教师人力资源培训和持续教育的规定培训，使培养目标和教师个人发展目标保持一致，将学校的发展和教师个人的发展结合起来，从而使教师参与校本教研成为自身发展的内在需求，从非自觉状态向自觉状态转变。[1]同时，学校要统筹协调，建立同伴互助、知识共享的机制，让教师更多地感受到校本教研的快乐。

三是专业化。即校本教研要加强专业引领，使其成为一项真正能促进教师专业发展的研究机制。目前在校本教研中极为迫切的是要加强专业引领，虽然有不少学校有校本教研活动，也定时、定点、定人地开展了活动，但教师在这个过程中获益有限，未能像预期的那样实现专业发展，其根本原因就是缺少专业引领。专业引领作用发挥不好的原因主要有两点：一是学校还没有形成专业引领机制，二是专业引领所需的资源短缺。要解决上

---

[1] 王洁.知识管理视野下的校本教研制度［J］.基础教育课程，2007（1）：9—12.

述两个方面的问题，学校就必须把校本教研中的专业引领由偶然的措施向常规性机制转变，使校本教研在专业引领下能真正成为促进教师专业发展的研修机制。首先，学校要建立教研与培训一体化的校本研修制度。把校本教研和校本培训紧密结合起来，基于校本教研中发现、提出的问题，通过定期的专业咨询、专家讲座、专业对话，获得及时的专业理论指导，提高专业素养，解决实践问题。其次，重视对骨干教师的培训、指导，不断壮大本校的专业引领队伍。鼓励骨干教师参加教育行政部门举办的高级研修班，通过实践考察、专家报告、现场考察、主题交流和情境参与、专题论坛与经验分享等形式，使骨干教师尽快由经验型教师成长为专家型教师，以此壮大专业引领队伍。再次，要重视课题研究。结合学校工作实际需求，将某个有价值的教学问题转化为课题，精心设计问题解决的思路。通过课题研究方式来组织教师参与重点问题的分析、讨论、思考，学习与本课题相关的文献，运用理论指导课堂实践，解决课堂教学中的实际问题，使科研成为教师解决教育教学问题的一种有效的学习方式。通过加强专业引领，提高教师参与校本教研的有效性。

四是网络化。即校本教研将由单一的"一"校为本向学区教研、网络教研相结合的网络化教研转变。让校本教研成为跨学校、跨学区的网络校本教研需要一定的条件，即需要一定数量的教师形成学科教研组。在农村很多地区，一所学校某个学科可能只有一位教师，不能形成学科教研组，也难以开展校本教研。解决的办法就是划分学区，在学区范围内以学科为单位由不同学校教师组成教研组，在集中时间内开展教研。校本教研与学区教研结合之后，解决了面对面交流的问题，但是仍然解决不了随时随地交流的问题，目前出现的网络教研可以弥补这一缺陷。网络教研是借助网络所形成的跨地区、跨人群、多角度的教研网络。与传统的校本教研相比，网络教研具有很多优势：它可以放大专家、教研员和骨干校长、教师的作用，使教师全员参与、与专业人士大范围经常性互动交流具有现实可能性；同时，它使有引领作用的教研活动能够介入教学全程，贯穿在教师教学设计、教学实施和教学反思的各个环节中，能够对教学问题及时回应。因为网络教研具有上述优点，所以它将成为面对面交流的校本教研的有益补充，并将发挥越来越重要的作用，2020年新冠肺炎疫情暴发后的网络教研已充分证明了这一点。另外，网络教研在解决农村学校开展校本教研困难的问题上也发挥出重要作用。农村地区存在学校分散、教师水平低、缺乏专业引领等问题，开展网络教研，可以有效推动农村地区校本教研的开展。需要注意的是，校本教研网络化的重点不在于硬件的网络支持，而在于如何使网络化的校本教研更好地满足本校发展的需求，如何以网络教研为载体真正解决本校教育教学的难点，这是校本教研网络化的关键所在。

第二章

研之有物
——校本教研的主题选择

校本教研到底要研究"什么"，这首先涉及校本教研的主题选择。校本教研必须要有明确的主题，即校本教研活动要有明确的目标与中心内容，有明确的问题研究指向。校本教研必须以一个主题为线索，围绕主题进行研讨与交流。校本教研的主题是教师基于实践需求，经过分析、梳理、提炼后形成的中心议题，有一定的典型性、针对性、实践性和创新性。只有选择并确定恰当的主题，校本教研活动才能避免随意性与盲目性，才能更好地引导教师集中有效地解决实践需要破解的重点问题，进而有效促进教师发展、改进学校教育教学实践、提高教师团队的研究水平。因此，选择恰当的主题是有效校本教研的第一步。

第一节　校本教研主题的价值与特点

一、校本教研主题的价值

校本教研是针对教育教学实践的校本研究活动，只有围绕一定研究主题展开，才能更好地解决教师教学过程中遇到的真实问题和实际问题。因此，选择恰当的校本教研主题具有重要意义。

选择恰当的校本教研主题能够有效促进教师专业发展。教师的教育教学是在复杂情境中解决复杂问题的社会实践活动，教师只有长期保持一定的敏感度和探究欲望，并不断地发现问题，对教育实践中的教育问题进行理性分析和研究，从而提出自己解决问题的思路和实践措施，才能更好地推进教育实践、提升自己的教学水平。可以说，教师专业发展主要源于教师面对丰富而不确定的教育实践问题，不断进行审视和反思并且想办法解决的过程。也就是说，选择恰当的校本教研主题展开研究，这是推动教师教育观念更新、教育方法优化、教育知识积累和教师能力发展的重要力量。

选择恰当的校本教研主题有助于改进学校教育教学实践。教师在日常的教育教学过程中总能遇到各种矛盾与问题，这些问题源于教育实践，直接影响着教育教学活动的进程与效果。围绕着学校中的教师与学生、教与学而出现的诸如"何为教""以何教"和"如何教"等问题，不仅是教育理论者关注的重点，更与教育实践者——教师密切相关。在教育实践中，教育的理想与现实之间总是存有差异，而这种差异就构成了需要解决的教育问题，这些问题还会衍生出许多需要厘清和解决的教育实际矛盾和理论疑难，而这些矛盾又会涉及教师对教育本质的理解、对教育价值追求的明晰、对师生关系的重新定位、对课程功能的考量以及对理想课堂教学的追问等具体问题。教师对这些问题进行提炼与设计之后形成一定的研究主题，通过校本教研活动对这些主题进行理性分析和研究，这个过程会不断促使教师调整自己的教育理念和教育行为。所以，选择并确定恰当的教研主题，通过校本教研对主题进行研究，进而指导教师的教育教学行为，最终将在解决教师问题的同时实现对学校教育教学实践的改进。

选择恰当的校本教研主题有助于提高教师团队的研究水平。问题意识是一切教育研究的出发点。校本教研是一项特殊的教育研究活动，是一个复杂的系统工程，是基于教师教育实践来提出问题、分析问题和解决问题的过程。在这一过程中，提出有价值的问题往往是研究的第一步，也是最重要、最关键甚至起决定性作用的一步。在很多校本教研活动中，因为未能选择合适的主题，直接影响了教研活动的实效性。教师能否提出有价值的校本教研研究主题，与其所具备的问题意识密切相关。问题意识来源于理论疑难和实践矛盾，当用已有的认知结构无法顺利解释和解决这些疑难和矛盾时，就需要运用创新思维，这便是教育创新的出发点。发现问题往往意味着人们有了新的思维方式或研究视角，否则就会对问题视而不见，失去创新的前提和可能。发现问题并对其进行提炼使之成为"主题"，这是教师科研素养的重要内容。所以，学会发现问题、提炼问题、提升问题，进而确定恰当的研究主题，这是教师个人与团队研究水平发展的重要步骤。

贝尔纳提出："课题的形成和选择……比解决课题更困难。如果再加上人力和设备的局限性，则产生的课题之多，是根本无法在短时间内全部解决的。所以评价和选择课题，便成了研究战略的起点，要从一大堆课题中挑出带实质性的课题来，而不能把它们同非实质性的课题混杂在一起。"[1] 因此，开展校本教研的第一步，是要选择恰当的研究主题。

二、校本教研主题的特点

校本教研主题来源于教师所面临的真实问题，它既不同于教育实践中面临的一般性"问题"，也不同于理论者研究的"课题"，而是具有自己的特点。这些特点是由校本教研"为了教学""在教学中"和"通过教学"开展研究而决定的，具体表现在四个方面：

一是具有典型性。教师在教学实践过程中，会遇到很多的"问题"，但对校本教研而言，所选择的主题一定要具有典型性和普遍意义，研究和推进这样的主题才可能促进教育教学实践的改进和教师专业的发展。在实践中，有些问题教师可以凭借自己的教学经验较轻松地一次性解决，这些问题对教师而言并不构成难题，也不用提炼为教研主题。但需注意的是，有两种情况将对教师的教学形成"难题"：一是教师原以为可以凭借个人经验一次性地解决某个教学问题，当教师凭借个人经验处理之后，却发现这一教学问题并没有被解决。比如教师发现学生在练习或考试中对自己已经强调过的问题仍然大量地出错，这就暗示该问题可能是一个新的难题。为了解决新的难题，教师需要对这个问题进行比较持久的思考和跟踪；二是无论教师个人的教学经验如何丰富，教师总会遇到一些仅仅凭借个人经验而无法解决的问题，当出现这种情况时，就意味着教师需要学习相关理论或者借鉴他人的经验，以此来获得解决问题的新思路。教师一旦持续关

---

[1] 江新华.教育科研选题的标准、路径与策略 [J].教学与管理，2002（4）：30—32.

注某个教学问题或者教师一旦需要借鉴他人的经验来解决某个教学问题时，这个教学问题就可以被转化为校本教研的主题。所以，校本教研主题必须具有典型性，不是针对个别教师的问题，也不是针对某一特殊情境下的具体问题。"由于个体差异，不同教师对教研活动需求的侧重点不同，只有满足更多个性需求的共性问题才是真正有研究价值的问题。"[1]例如，"如何帮助某个儿童提高说话能力"这一问题在教学过程中经常碰到，也需要中小学教师及时了解有关情况、分析原因，并找到相应的解决办法。但它只是一个具体问题，反映的是个别现象，不是普遍现象，不具有典型性，因而不是一个教研主题。但若是"提高小学低年级段学生语言表达能力的教学策略研究"，那么研究对象扩大，也更具有普遍性意义。

二是具有针对性。校本教研的突出特点是"校本"，这意味着所研究的主题必须具有一定的针对性，基于本校教师面临的问题，经过研究提出相应的解决策略。因此，校本教研主题必须有明确而集中的研究范围和任务，如若不然，校本研究也就失去了其本身的意义。比如，"如何提高教学质量""如何运用教育信息技术""怎样培养学生的创新能力"等，这些问题虽然是广大中小学教师关心的普遍性问题，但其问题涉及的范围太大，任务不明确，缺乏一定的针对性。一方面，仅凭一所学校的教师是无法完成的；另一方面，这些问题本身缺乏"校本"意义。因而，对教师来说，这些问题是值得关注和思考的领域，但不适合成为一个校本教研的主题。

三是具有实践性。校本教研主题应具有实践性，这是其不同于一般教育理论研究课题的特殊之处。它来源于实践，是教师在教育实践中发现的问题；对它的研究是教师在教育实践中不断反思、学习和研讨得以实现的；通过研究后其结论能够用于改进教育实践。所以，校本教研主题应符合学

---

[1] 张作仁.教育叙事——引领教师专业成长的有效途径[J].北京教育（普教），2013（8）：46.

校教育的主客观条件，符合教师的实际需求，具有开展研究的必要性和可能性。比如，"夸美纽斯的教育思想研究"虽然具有理论研究意义和一定的实践价值，但对校本教研而言，不妨选择更具有实践导向的研究主题；再如，"××区教育质量分析"这个教研主题仅凭几位教师或者一所学校的力量难以获得全面的资料，而且对本校教育改进意义不太大，但由区域教育科研机构来研究是可行的。所以，校本教研的主题一定要具有实践性和可行性。

四是具有创新性。校本教研主题应具有创新性，这种创新并不是指相关主题其他研究者没有提出过，而是指这一主题与学校的教育实际情况相关，具有一定的情境性，与一般性研究主题不同；或者说即使有研究者研究过，但对本校教师而言，直接运用相关结论无法解决教育教学中碰到的实际问题。比如"学生学习策略研究"，这是一个相当大且已经被很多研究者关注过的问题，但如果是针对某所具体学校某个具体学科的学习策略研究，就具有一定的研究价值。所以，对于校本教研而言，主题的创新性并不意味着天马行空地研究他人没有研究过的，更多的是指在当前实践中需要解决但又无法凭经验或者已有研究来解决的问题。

综上所述，校本教研主题要既能反映多数教师的共性要求，又能关注教师的个体发展，让教师在教研过程中真正有所收获；教研主题既要符合国家教育政策的基本要求，又要汲取教育理论研究的精华，切实关注学校的实际发展要求、解决现实的教育教学问题。同时需要注意的是，校本教研主题切入点要小，基本能在一个阶段内完成，又要有拓展的余地，可以进一步开展深度研究，同时相应主题最好能够"分解"，形成序列问题。

第二节　校本教研主题选择的误区与其实质

一、校本教研主题选择误区的表现

校本教研的主题是学校教研团队一定时期内研究的核心内容，是来源于教育教学实践的亟待解决的、教师共同感兴趣的真实而具体的典型问题。但是，在当前校本教研中，对教研主题的选择存在以下误区[1]：

一是把教师日常讨论的话题当作教研的主题。"话题"一般表述为一两个核心词，提供讨论的范围，供讨论者发表相关意见，但没有具体的答案。教研主题归根到底是要解决一个问题，一般表述为疑问句或陈述性问句，研究之后应该有具体而明确的答案。如某高中英语组把教研活动的主题表述为"学情分析"，该组选择该主题的意图是引导教师交流分析学情、根据学情开展教学。但是，"学情分析"这样的表述只是提出了研讨话题，并没有提出准确具体的问题。所以，可以将其改为"高中英语教师分析学情的策略研究"。

二是把空洞的教育口号当作教研的主题。当前教育中的"热门词汇"

---

[1] 部分案例选自邱爱微，杨荣波.教研组甄选教研主题的误区与策略[J].上海教育科研，2015（2）：56—58.

比较多，但需要注意的是，这些词语并不能直接作为研究主题，因为教研主题的表述要避免"大、全、空"，避免"笼统模糊""飘在天上"。主题应表述为具体明确的、便于教师操作的问题，空洞的口号不能作为教研主题。如"构建生本课堂""促进学生全面发展"等，是对教师的号召。如果把此类口号作为教研主题，会让教师感觉无从下手。再如，某小学数学组教研活动的主题是"提高小学数学课堂教学的有效性"，这一主题涉及课标和教材分析、教师教学活动设计、学生学法指导、信息技术运用、课程资源开发等众多变量，是教研组一次教研活动无法解决的。因此，"提高小学数学课堂教学的有效性"是一个大而全的"口号"，不具有可操作性、可检测性和研究解决的可能性，不宜作为教研组的教研主题。

三是把已知的教育规律当作教研的主题。其实，已得到大家普遍认可的教育教学规律规则，不需要学校教研团队把它们再作为"问题"去探索。换句话说，已知的教育教学规律规则不能作为主题，教研主题应具有一定的"创新性"。当然，已知的教育教学规律规则在教育教学实践中的应用或对未知教育教学规律的探索可以作为教研主题。如某小学数学组把"教学相长"作为教研主题，显然意义不大。"教学相长"是一个公认的教学规律，揭示了教和学对立又统一的辩证关系，不是一个需要研究的问题。但是，若结合具体的情境，探索小学数学课教学相长的实践策略，便可以将其作为一个恰当的教研主题。

四是把次要的问题当作教研的主题。校本教研主题是学校教师在实践中面临的众多问题中的主要问题，该问题的解决能有效提高教育教学效益。有些校本教研的主题是根据区县教研室或学校要求选定的，或是盲目模仿其他教研主题选定的，或是教研组长拍脑袋选定的，结果是"眉毛胡子一把抓"，抓不到学校教师最需要解决的主要问题，有的甚至把次要问题当作教研主题。比如，某中学物理组居然把"学会微课制作技术"

作为学期教研主题，这显然是舍本逐末，难以激发教师群体的研究兴趣和参与欲望。

二、校本教研主题选择出现误区的实质

校本教研的主题选择出现上述误区，其本质反映的是教师的研究意识不够，尤其是问题意识欠缺。具体表现为：

一、教师不善于发现问题。问题的发现实质是教师对教育实践中问题的觉察、感知，是教师在面对实践问题情境时瞬间产生的思维灵感的捕捉、发现过程，这种思维灵感往往产生于教师在面临问题情境时的好奇心、求知欲和探究心理，促使教师个体进行积极的心理活动，在感知问题的同时产生强烈的探究的心理行为倾向。但有些教师往往缺乏这种心理品质，问题意识淡薄，难以发现问题。比如一节课上完，善于发现问题的教师会进一步思考这节课哪些地方处理不当，是什么原因造成的，该如何改进；但是有一些教师只会感到自己又完成了一个任务，即使是课堂中有明显的问题，他们也会司空见惯甚至视而不见，或者认为"这个没什么特别""事情本该如此"，或者认为"这个是学生的问题，不是我教的问题"，长此以往，自然难以发现问题，进而提不出恰当的研究主题。

二、教师不善于聚焦问题。教师一天的工作中可能会面临很多问题，教师的日常工作也从来没有远离过"问题解决"，但就是因为问题太多，可能会导致教师不善于聚焦问题。毕竟感知并发现问题只是提出教研主题的第一步。教师对于所感知的问题还必须进行全面而系统的分析和梳理，进而初步确定一个大概的问题边界，在这个边界范围之内再对问题进一步聚焦、提出问题。但是，在实践中，很多教师也许能够感知问题，但若不善于聚焦问题，就会导致对实践中的问题"千头万绪"，或者提

不出最重要的问题，或者所提出的问题只能停留在表面或浅层次，缺乏一定的典型性和创造性。所以，聚焦问题既是提出教研主题的中间环节，也是关键环节。

三、教师不善于提炼主题。不少教师能发现问题，甚至也能聚焦问题，但却不能对问题进行分析提炼，形成不了好的教研主题。实际上，对主题的提炼不仅仅是感知和梳理问题就能实现的，而是要对所聚焦的问题进行分析、质疑、反思和建构。面对问题情境，教师如果具有反思和批判的意识，就能够激起"研究"的冲动，以此进行积极的思维和认知结构的建构。然而，在教育实践过程中，很多教师因为忙于具体的教学工作，并没有形成这种质疑和批判、反思的思维习惯。有些教师甚至持有一种确定的单向线性思维，这种思维方式使得他们并没有养成遇事多问"为什么"的思维习惯。遇到一个具体的问题情境，只有不断地反思、质疑、分析，才可能挖掘这种问题现象背后的问题实质，提炼出好的教研主题。

之所以会出现校本教研主题的选择误区，最根本的原因在于教师发现问题和提出问题的能力有待加强。教师如果想要敏锐地发现问题并加以聚焦，进而提炼成相应主题，必须具有相应的基本条件：

一是要有广博的专业知识。一个缺乏知识的人，即使是面临实践中的多个问题，也难以将其提炼成研究主题。所以，教师要具有广泛的知识基础，构建一个相对完善的专业知识结构体系：既要有方法论知识，掌握科学的认识方法、科学的分析方法以及科学的表达方法；又要有一般文化科学知识，包括基础知识、良好的文化素养、文化科学发展史知识及文化科学的新发展、新成果等；还要了解和遵循教育工作的规律，掌握教育学、心理学、生理学等基本教育理论和知识；更要具备一定学科专业知识，而且随着社会的发展和知识的更新，教师更有必要了解自己专业的最新成就和发展趋势，并且关注一些相关学科的知识，优化知识结构。倘若教师知识储备不够，知识结构不尽合理，知识整合与建构能力欠缺，便很难对实践中所面对的问题情境发生有意义的联想与联系，也很难准确把握与实践困境相关的已有理论研究，自然难以提出问题、形成教研主题。教师只有具有这些知识，才可能"感知"和聚焦问题，提出相应教研主题。

二是要关注教育政策和教育研究动态，尤其是其中的"前沿问题"和"热点问题"。虽然这种热点问题并不能直接被拿来作为校本教研的主题，但对热点的了解既有助于教师把握时代的脉搏，了解教育政策的走向、教育研究的焦点，判断出当前教育实践发展的趋势，进而可以更好地把握自己的教育实践改进方向；同时，了解政策和研究的热点，可以使教师的头脑经常处于激活和开放状态，更好地结合自己的实践和当前理论研究来思考自己的教育实践，发现真正的"问题"。

三是要有一定的问题意识。在问题被感知到、被明确提出之前，它处于"模糊不清"的潜伏状态；只有教师真正意识到某个问题的存在，并对其进行分析、聚焦、思考、提炼，才能使其从潜伏状态显现出来。如果教师缺乏问题意识，要想发现问题、聚焦问题并提炼出相应的教研主题来是相当困难的，教师会把所遇到的一切问题视为"理所当然"，看不到各种现象背后隐藏的信念、方法、行为等实质性内容。没有问题意识的思维是肤浅的、缺乏内涵与深度的，即使是教师能够提出教研主题，主题的研究价值以及对主题教研的效果也会令人质疑；反之，积极、活跃的思维能够诱发有价值的问题的产生，因为"问题意识的形成基于个体思维的积极性和能动性，只有打破已有的认知结构和思维定式，才能形成问题意识"[1]。所以，具有批判性思维、辩证性思维和逻辑思维

[1] 曾先锋，聂永成.教育研究中问题意识的缺失归因与培养路径探讨［J］.教育评论，2015（6）：46—48.

更有利于教师问题意识的培养，而只有具备较强的问题意识，教师才可能提出真正有价值的教研主题。

第三节　校本教研主题的选择与分解

一、校本教研主题的来源

校本教研的主题，一是源于教师日常的教学实践，二是源于教育的发展规律和方向。前一种是自下而上，即教师基于日常教学中遇到的问题，对此进行分析、整理、归纳、提炼，以形成具有典型性的教研主题；后一种是自上而下，即教师根据国家的教育政策导向和教育研究中的热点问题，与自己的教育教学实践结合起来，提炼相应的教研主题。比如基于国家课程标准分析探讨某学科的特定教学策略等。

具体说来，教研活动的主题来源于以下三个主要方面：

（一）源于教育实践的需求

实践是教研主题最基本的来源。在确定校本教研主题时，首先要考虑学校教师的实践需求。各所学校的具体情况不同，参与教研的教师情况不同，校本教研的主题也会有很大区别。例如，某校是所新建学校，校本教研的参与者以年轻教师居多，那么校本教研就应根据教师专业发展的特点，更强调新教师的适应和发展。为了让教师站稳讲台，可以从具体学科教学的范式研讨开始。比如"第一课时教学的范式研讨""第二课时教学的范式研讨"。每一课时从导入、新授到练习、拓展，进行目标细化、时间细化和内容细化。每次研讨以"集体备课—课堂试教—交流研讨—再次试教—归纳提炼"这样的流程进行。经过一两年之后，每位教师便会有一个基本的教学思路，对每一个学期、每一个课时应该达到的目标做到心中有数。这是每一位青年教师应该练就的站稳讲台的基本功。但若以老教师居多的团队，那么校本教研的主题就要更关注教师如何总结经验、实现新的突破。此外，每所学校每个阶段学生的特点不一样，教师关注重点不同，教研主题也不同。比如小学一年级学生，培养良好的学习习惯是关键，所以校本教研的主题可以围绕"一年级学生课堂学习习惯培养的策略研究"来开展；如果学生学习时不够积极主动，可以开展以"学生学习积极性培养策略研究"或者"导学案"等任务驱动为中心的主题教研，以提高学生的学习积极性和主动性。

（二）源于国家教育政策的要求

随着教育改革的推进，国家所出台的各项教育政策也直接影响着学校的教育教学实践。因此，校本教研的主题必须响应国家教育政策的号召。以课标为例，新课程标准是国家课程的基本纲领性文件，是国家对基础教育课程的基本规范和质量要求。所以，教师的课堂教学必须基于课程标准来进行，与之相应，校本教研的主题也应该重点关注新课程标准的相关规定。比如，义务教育阶段课标进行了修订，那么校本教研就可以围绕特定学科新课标的解读来进行，以此明确做了哪些修订、与之相应的教学实践应该如何改进。近年来随着高考改革的推进，部分省份已经开始采用新的高考方案，那么，校本教研的主题便可以围绕新高考展开：特定学科高考改革有什么样的变化，对学生的能力发展提出了哪些新的要求，课堂教学需要有什么样的调整，等等。国家教育政策虽然是宏观的"大问题"，但却真实地影响着学校的课堂教学实践，因此，对国家教育政策的了解、对出台的重要教育文件的解读是校本教研关注的重点。只是在确定具体教研主题时，对教育政策的解读一定要与教师课堂教学实践结合起来，不可泛泛解读政策，否则会"大而空"，对教师的教学实践和专业发展缺乏真正的指导意义。

（三）源于教育研究的热点

教育理论源于实践且对实践的改进具有重要的意义。校本教研虽然基于实践、为了实践，但离不开对教育理论的学习与思考，尤其不能脱离对当前教育研究中热点问题的关注。教育理论研究的热点，在一定程度上既是对当前教育实践发展方向的预测，也是对解决当前教育现实问题的深度思考，所以对其进行关注并系统思考，将直接促进教师教学实践的改进。以当前理论研究关注的深度学习为例，深度学习强调学生主动的、积极的、有深度的参与，强调通过学习实现发展，但深度学习超越了心理学的一般学习理论，不仅强调心理学意义上的个体参与和个体建构，更强调社会意义上的个体参与，强调社会建构、历史建构；更深刻的是，深度学习超越了一般心理学对学习者发展的期待，例如，赞科夫的发展性教学强调教学要促进学生以思维能力为核心的动手操作能力、观察能力的一般发展，而深度学习则强调要在这样的"一般发展"之上，促进学生作为具体的、社会历史实践主体的成长和发展，形成有助于学生未来自主发展的核心素养，强调学生作为社会主体所必须具备的健康的身心、高水平的文化修养、强的实践能力、高尚的精神境界。[1] 所以，深度学习的相关研究对于改进学校课堂教学中的浅层学习、机械学习和被动学习的现状，对于促进学生积极参与、能获得发展的有意义的学习有着重要的作用。教师通过对深度学习的教研，了解深度学习的内涵、特点和过程，能够更好地思考应该采用什么样的教学策略在课堂中实现学生的深度学习。

---

[1] 郭华.深度学习及其意义［J］.课程·教材·教法，2016（11）：25—36.

二、校本教研主题的选择策略

校本教研主题的选择过程是汇集参与者实际需求和实践智慧的过程，是所有参与者反思以往、分析现状、总结得失、发现问题的研究过程。"教师们不是没有问题，没有困惑，而是不知道如何捕捉有价值的问题，如何将它提炼为校本教研的主题。"[1]所以，学会选择、提炼校本教研主题至关重要。具体可以包括以下策略[2]：

（一）宏观性教研主题的选择策略

宏观类教研主题主要指综合类主题，往往指向学校层面的问题，涉及各学科教研组，必须由学校专门机构组织实施，研究时间长，参加人员多，应有一定的研究计划，可先用"文献研究"获取同类主题的信息，再深入了解同类主题研究的前沿内容，分析本研究主题的特点、意义和本校实际后确定。确定宏观性主题时要做到三个"善于"：一是善于挖掘。只有善于挖掘，继承与创新才可能有深度；二是要善于吸纳。只有善于吸纳，继承和创新才可能有广度；三是善于整合。只有善于整合，并经过一定的哲学抽象，才有可能形成一种新的理论高度，有普遍指导意义。具体方法有以下几种：

一是聚焦，即通过问卷调查、访谈观察等调研方式了解教师发展和学生学习存在的问题，通过聚焦把其中亟待解决、有能力解决的问题确定为教研组的教研主题。一般说来，使用聚焦策略确立教研组教研主题，需要经过三个环节——公开征集、集中评析、筛选确定。"公开征集"是指通

———————————

［1］ 林卫平.校本教研行动在温州［M］.杭州：浙江教育出版社，2010：35.

［2］ 部分内容参见徐国政.主题教研中主题确定的策略［J］.教学与管理，2008（31）：34—35.
邱爱微，杨荣波.教研组甄选教研主题的误区与策略［J］.上海教育科研，2015（2）：56—58.

过各种途径将教师真实的需要公开出来，将教师内隐的想法、观点等显现出来；"集中评析"是指将教师真实的需求集中进行梳理、评析并聚焦；"筛选确定"是指在平衡的基础上，找出大多数教师感兴趣的共性问题，确定为教研组教研主题。比如，某校英语组在学期初发放研究需求调查表征集教研活动主题，教研组长组织全体组员集中评析教师的研究需求，教师普遍提出"口语交际课难上"这一问题，通过访谈，教研组发现，主要原因有"情景创设效果不佳、学生参与面不广、话题不能切合学生实际"，提炼出"口语交际中有效情境的创设""口语交际中关注学生参与状态的研究""如何设计联接学生生活的交际话题"等系列教研主题。

二是移用，即移用已有课题研究的主题。这里的移用既可以是对学校已有的、研究已经比较成熟的课题的深度挖掘或者推广，也可以是对其他理论研究者或者其他学校已有成果的进一步思考。比如在浙江温州，很多学校根据浙师大蔡伟教授的"课堂教学创新论"，确立了"在课堂上如何进行教学创新"的主题。这种移用的方法，有助于克服此前学校教育实践中存在的教育科研务虚现象，切实解决科研与教学相脱节问题，一方面课题研究有了"源头活水"，每一节公开课、研究课都是集体研究的案例和载体，另一方面，课堂教学有了更先进的理念指导，有了更深入思考的信念和动力，起到优化教学实践、提高教学质量、促进师生共同发展的作用。如果说教师从事课题研究是"行动研究"，它要求有完整的背景分析，指向于问题解决的策略，那么校本教研属于"研究下的行动"，它更强调对理论的运用，基于理论分析指向于问题的真正解决和教师自身素质的提高。

三是整合。校本教研的主题一般源于教育教学问题，教师在教学实践中遇到教学问题时就会产生随机的、可供探讨的话题，当这种随机的教研话题积累到一定数量后，可以对这些话题进行归类分析、进而产生相应的校本教研主题。比如，为了形成校本教研合力，某所学校梳理了各教研组共同关注的教研主题，搭建不同教研组之间合作交流的平台，在教师中开展"当前课堂教学中存在问题与解决策略"的问卷调查，基于对调查问卷结果的整理、归类和分析，通过求交集的方式，确立"新课程理念下课堂教学师生角色行为的策略研究"作为学校层面的教研主题。再如，某初中语文教研组教师在办公室里经常会聊到一些教学工作中的细小困惑和问题，该组组长请各位组员把自己的困惑和问题贴在办公室的"教研墙"（供教师粘贴问题和跟帖的墙）上，通过对教师问题的整合，把"初中语文阅读教学中渗透写作方法的策略研究"作为校本教研的主题。通过用"外延交集法"进行整合、筛选确立的问题具有典型性，是很多教研组的共性问题，也是相对多数人（尤其是教师或学生）的问题。此外，问题要有潜在的价值，解决后能有效提高教学质量，改进教学行为。当然，考虑到不同阶段教师问题的层次性及需要解决主题的特殊性，可采用微观类主题进行补充。

四是扩展，即将平时教学中捕捉到的细小的问题进行扩充、丰富，使其具备代表性和普遍性，成为值得教研的主题。开展课堂观察是捕捉细小问题的有效途径，同时还要注意从平时其他教学的细节和师生交往中发现问题、搜集问题，让问题始终保持鲜活的特征，引导教师对问题的特别关注，对关注到的问题进行扩展。如有教师本来思考的是"怎样帮助班上××同学提高外语成绩"，但经过教研组的讨论分析之后，将这个问题扩展为"初一学生英语学习困难的成因与对策"，由对某一个特定对象的关注扩展到对某一类学生群体的关注，这样的教研主题就具有了典型性和普遍性意义。通过扩展，从个别到整体，既扩大了研究的关注面，将散珠缀联成串，又极大地提高了主题的信息量和研究价值，便于设计教研的方案，达到提纲挈领的作用，使研究变得更有实践价值。

五是前瞻，即学校应站在教育改革的前沿去关注学校与教师的发展，用前瞻性的目光去看教学与管理中的问题和发展趋势。所谓前瞻性，就是超前性、先进性、未来性。对于教育教学方法的研究，要能够反映出教育的本质与规律，反映出教育改革与发展的大趋势。例如关于创新问题的研究，这是教育上永恒的主题。把握好前瞻性，还可以给我们提供发现、分析和解决问题的思路、方法和策略。有的学校早在上个世纪九十年代初期就把"信息技术的掌握与运用"当作教研的主题，对学校的发展及教师的成长起了很大作用。在预测事物的走势、走向和未来的同时，还要立足于学校的现实，从实际出发。前瞻性的特点与现实性的特点是统一的，因为教育是连续的、有内在联系的。而前瞻性策略的运用，离不开对国家政策的具体分析和对教育理论研究热点的关注，与此同时，还应与学校的发展现状、教师的教学实践密切结合，只有这样，才能用前瞻的方法提出有价值的校本教研主题。

（二）微观类教研主题的选择策略

微观类的校本教研主题可以是学科类主题，往往是学科教研组层面的问题，只涉及一个教研组或备课组；可以是相对个性化主题，只涉及部分教师。教研主题源于教学问题，教师在教学实践中遇到教学问题时就会产生随机教研话题。选题具有解决的可能性，所选主题通过校本教研活动能得到完全解决或部分解决。这种类型的教研主题难易程度要适中、便于形成相应策略以解决实际问题。具体而言，对于这类主题的选择策略有以下方法：

一是献丑。"丑"其实就是工作过程中的薄弱环节或者突出问题，发现了"薄弱环节"和"突出问题"，实际上就找准了教育优化的关键点、找准了教学工作的生长点、找准了自身发展的突破点。检验校本教研是否有效的重要标志就是看其是否根植于师生的教与学实践，是否与教师日常教学行为的优化联系起来，是否着眼于真正解决教学中根本的或突出的"小而实"的问题。所以，找到"薄弱环节"，抓住教学中、课堂上某一层面的具体问题，对其进行梳理和提炼，以问题解决为主线，把校本教研活动作为一个实实在在的研究来做深做透，通过校本教研活动真正解决某一类具体问题。

二是张扬。所谓"张扬"，其实就是以教师的某一教学特长为重点进行分析研讨，将此提炼为一定的研究主题，通过教研来把特长或特色放大。为了提升质量拓"特长"，教师需要不断学习教育理论，并结合自己的教学实践进行深度思考，这样逐渐养成了对专业理论的渴求，学会理性思考问题，学会从实践捕捉智慧，学会用自己熟悉的思维和表达方式来呈现教研成果，从而塑造研究型教师的形象。这样的教研主题，可以使教师在对自己的"拿手菜"进行深度思考和挖掘时，成为某一领域的"小专家"。

三是梳理。梳理是将教师日常教学实践中比较集中的问题和困惑做进一步聚焦和整理，以明确相应研究主题。比如某省一所中学的学科教师在参与教师培训时，大部分会提出诸如怎样提高学生学习兴趣、怎样开展探究式教学、为什么新课程背景下本学科教师的工作量特别大等一系列问题，但研讨之后就会发现，经历过新课程改革的教师，他们对教研活动的期盼并不是单纯地追求知识量的增加，改变课程观、学生观、学科观才是教师对教研的内在需求。经过引导、学习和讨论，教师们把问题的焦点集中在巧妙处理好"知识""问题""情境"三者的关系，确定了"知识问题化、问题情境化、情境最优化"为该校学科组开展校本教研的主题。

四是转换。教研主题虽然是预设的，但不一定所有预设的主题就适合参与校本教研的教师，在这种情况下，可以根据实际需要对教研主题做一定的转换。比如有一个教研组预设的主题是"课堂提问的有效性"，但在具体的课例展示环节，教师由于问题没有设置好，只是套用了教材里的例子，学生对此缺乏兴趣，最终导致整个课堂教学的实际效果不佳。教研组经过讨论，及时将主题调整为"问题设置的有效性"，调整后的教研活动非常有效，参与活动的教师收获颇丰。由此可见，主题的确立要遵循针对性、典型性的原则，校本教研主题要选择最能够提高教学质量、最能够解决实际问题、最能够关注师生发展需要的问题。

五是派生，包括面上派生和线上派生。面上派生是把较为宏观的面上的主题分解为便于操作的微观主题。实际操作中，教研组可把上级教育业务部门的区域研究主题细化为符合本组教师实际的教研主题。比如有一个区域层面确立了一个关于"初中英语阅读教学策略研究"的主题，该区某所初中英语组根据区域主题派生出"初中英语精读教学策略""初中英语泛读教学策略""初中英语写作教学策略"等教研主题。通过派生，该组把区域层面的一级主题分解成一组有内在逻辑关系的二级问题，便于组内教师根据自己的教学从不同层面开展研究。线上派生是把综合性的涉及多变量的"线性"主题细化为可操作性的"点状"主题，派生越细，研究就越深入。如某小学语文组在"小学语文教学的有效策略研究"的大主题下，进行"微主题"的延伸拓展，关注教研主题的滚动生成，相继开展了小学语文教学中"课堂合作学习的策略研究""课堂朗读的策略研究""课堂提问的策略研究""词语教学的策略研究"等主题教研，这属于线上派生，通过大主题下的小主题的分层推进，实现教师教学行为的不断改进。

在选择校本教研主题之后，为了确保其可行性，还应对其进行充分的论证分析。这一分析主要包括三个方面：一是分析所选择的教研主题是否有相应的研究积累。这些研究积累既包括已有的理论研究，也包括本校教师对此已做的实践探讨。如果相应研究缺乏理论研究支持且教师本身对此关注不多、实践探索涉及不多，那么就不建议将其作为教研主题。相比较而言，那些已经有一定的理论研究，且教师手头已经储备了相应理论资源和实践材料的主题更适合作为校本教研的主题。二是分析所选择的教研主题是否已经得到解决。在基于已有文献的分析上，如果相应主题已经有系列而深入的研究且相关结论是可以直接用于本校教学实践的，就没有必要进行重复研究。这时候应该转换角度——侧重于实践转化和研究，结合本校教师在实践中所遇到相关问题的特点，将其细化，使其具有"校本"特色再开展教研，赋予教研主题"旧瓶装新酒"的意义。三是分析所选择的教研主题是否能够通过校本教研得以解决。如果所选择的教研主题过于艰涩和宏大，对这一主题的研究是当前学校教师团队难以实现的，那么就应该慎重选择此类主题。或者重新思考、选择其他教研主题；或者对该主题进行分解，选择一个小的"切口"进行分析。主题只有真正可以"被教研"、能够通过教师们的校本教研得以解决，才具有真正的价值和意义。所以，选择校本教研主题，还应该结合本校教师的实际情况以及该主题的已有研究进行可行性的论证分析，以此确保教研主题的针对性和实践性。

三、校本教研主题的分解

在很多情况下，一个主题不能通过一次校本教研活动来完成，往往要根据问题的大小和解决问题所需的时间，将教研主题分解为多次活动。相对而言，校本教研的主题更为宏观，而每一次校本教研活动的主题更为微观。校本教研的一个主题与相关的教研活动的主题是整体与部分的关系。"一个校本教研主题"可分解细化为若干个"一次校本教研的活动主题"，而对多个"一次校本教研的活动主题"的研讨和推进，可以促成"一个校本教研主题"的破解。比如某初中语文组某学期教研主题为"阅读教学与作文教学有效结合"，通过讨论，该组本学期举行了五次教研活动，主题分别为：作文指导、讲评与阅读有机结合的研究；作文批改与阅读有机结合的途径探索；针对性阅读提高学生借鉴能力的研究；在课外阅读中提高学生作文能力意识的探索；以阅读积累为载体改变学生作文词语贫乏现象的研究。该组将"一个学期的主题"分解为五个"一次活动的主题",使教研活动更具有针对性、可操作性。那么,究竟如何来对校本教研的主题进行分解呢? 主要包括下面两种基本的分解逻辑:

(一)行动研究的逻辑

行动研究是行动者对自己的实践进行的批判性思考。它是在人们行动的社会实践领域中产生的。一方面,行动研究指的是人们为达到提高社会生活质量、改变自身境遇的目标而设计的一系列渐进活动;另一方面,行动研究是指人们试图确认这些活动的标准、提供行动的处方,使渐进的活动系统化。关于行动研究的程序,虽然表述各不相同,但以凯米斯(Stephen Kemmis.) 所提出的"凯米斯程序"最为经典。凯米斯认为,行动研究是一个螺旋式加深的发展过程,每一个螺旋发展包括四个相互联系的环节,即计划—行动—考察—反思,具体如下:

"计划"是行动研究的第一个环节。计划是以所发现的大量事实和调查研究为前提的,它始于解决问题的需要和设想。设想是基于行动研究者(行动者和研究者)对问题的认识,以及他们掌握的有助于解决问题的知识、理论、方法、技术和各种条件所提出的。计划包括"总体计划"和每一个具体行动步骤的计划方案,尤其是第一、二步行动计划。

"行动"是第二个环节,即实施计划或者说按照目的和计划行动。实施行动应该是: 行动者在获得了关于背景和行动本身的信息,经过思考并有一定程度的理解后,有目的、负责任、按计划采取的步骤。行动应是灵活、能动的,包含行动者的认识和决策在内的。实施计划的行动还要重视实际情况变化,重视实施者对行动及背景的逐步认识,重视其他研究者、参与者的监督观察和评价建议,不断调整行动。

"考察"是第三个环节。考察主要指对行动过程、结果、背景以及行动者特点的考察。由于教育教学受到实际环境中多种因素的影响和制约,而且许多因素又不可能事先确定和预测，更不可能全部控制，因此，为了使考察系统、全面和客观，行动研究的倡导者鼓励使用各种有效的技术。

"反思"是第四个环节。它是一个螺旋圈的结束，又是过渡到另一个螺旋圈的中介。这一环节包括整理和描述，即对观察到的、感受到的与制定计划、实施计划有关的各种现象加以归纳整理，描述出本循环过程和结果；评价解释，即对行动的过程和结果作出判断评价，对有关现象和原因作出分析解释，找出计划与结果的不一致性，从而形成基本设想、总体计划和下一步行动计划是否需要修正，需作哪些修正的判断和构想。[1]

所以，基于校本教研的主题，可以依据这四个环节设计每次校本教研活动的主题。以某校数学组为例，该教研组将校本教研主题定为《中学数学单元整体教学设计的策略研究》，拟用八次教研活动完成对这一主题的教研，具体安排如下表所示。

表1：某中学数学教研组活动安排

校本教研主题：中学数学单元整体教学设计的策略研究			
阶段	具体内容	教研形式	具体时间
计划	基于实践的调研、反思以及专家的引领，初步形成数学单元整体教学设计的可行性策略	专家互动式理论培训	3月7日
		各年级组数学组研讨	3月14日
		教研组集体研讨	3月21日
行动	根据研讨初步形成的策略，举行单元整体教学的公开课展示活动	公开课展示	3月28日
		公开课展示	4月4日
		公开课展示	4月11日
考察	基于公开课展示对单元整体教学的设计和实施进行考察	基于公开课的反思研讨	5月9日

---

[1] 郑金洲.行动研究：一种日益受到关注的研究方法[J].上海高教研究，1997（1）：23—27.

续表

阶段	具体内容	教研形式	具体时间
反思	基于前期研讨、公开课以及考察，对此前形成的策略进行调整修改，形成中学数学单元整体教学设计的可行性策略	教研组集体研讨	5月16日

（二）理论推演的逻辑

这种方式更强调通过对教研主题进行理论分析，基于其内在的逻辑来设计有序列的多次教研活动主题，具体包括：

其一，分层模式。即围绕教研主题确定一些活动主题，这些活动主题彼此之间一般是并列关系，在每个活动主题之下，又包括不同数量的"子"活动主题，由此形成不同层次的结构关系。例如，某心理组的阶段主题为《中学生生涯规划的教学策略》，分为"自我探索的教学策略"与"外部环境探索的教学策略"，前者分为"兴趣""能力"和"性格"的教学策略等，后者分为"行业特性""就业渠道""工作环境"等内容的教学策略。

其二，次序模式。即围绕教研主题确定的活动主题在逻辑上由浅入深逐次推进，在意义上有逐渐递进的关系。比如，某小学数学组以《促进小学生数学深度学习的策略研究》为教研主题，将其分为促进小学生深度学习的教学目标分析、教学内容研究、教学策略探索和教学评价建议，从目标、内容、实施到评价，以课程的实施过程为基本线索进行分解。再如，某小学语文组确定了《指导小学低年级段学生有效识字的实践研究》的教研主题，具体研究在生活中培养学生识字兴趣的研究、培养学生用字典习惯的研究、用构字方法指导学生识字的研究、巩固学生识字的策略研究等四个问题，在语文组长的策划组织下，小学语文组以上述四个问题为教研活动的主题，在课题研究和校本教研方面均取得了良好成效。

其三，同心圆模式。即围绕教研主题确定不同的活动主题，这些活动主题彼此关联且并排平列，不分主次。例如，某英语组的阶段主题为《中学英语阅读的教学策略》，围绕这一主题，将其分解为生活故事的教学策略、科普材料的教学策略、人物传记的教学策略、史地知识的教学策略等多次教研组活动主题。

当然，对于校本教研每次活动的主题设计，也可以将行动研究与理论推演两种逻辑结合起来。如对英语阅读教学策略的研讨，可分为对精读教学策略、泛读教学策略、以读促写教学策略的研讨，而每一种教学策略都可以采用计划、行动、观察和反思来深入研讨。下表为某中学心理组 10 次教研主题和内容安排，是行动研究与理论推演两种逻辑相结合而执行的例证。

表 2：某中学心理组 10 次教研主题和内容安排

活动时间（周）	教研主题	教研内容	教研形式	主讲人	教研效果评价方式
第 1 次 3 月 学期第 2 周	布置新学期教学计划	1. 布置心理教育教学计划，对心理教师提出工作要求 2. 布置重点工作 3. 重点解读十次大教研活动 4. 高一生涯、初二心理教学进度 5. 确定青年教师做公开课人员、明确公开课的主题和时间	研讨	赵老师	收取教师个人工作计划、教学进度

续表

活动时间(周)	教研主题	教研内容	教研形式	主讲人	教研效果评价方式
第2次 3月学期第3周	提升心理教师生涯课程设计能力	1. 教研组长解读心理、生涯课堂教案设计 2. 心理公开课展示教师说课，为公开课做准备（3人） 3. 组员分别研讨 4. 完善高一生涯规划教学进度 5. 完善初二心理健康教学进度	研讨	赵老师，3位公开课心理教师	看教案，听试讲
第3次 3月学期第4周	提升心理教师心理课程实施能力	1. 公开课青年教师对试讲进行反思 2. 专家评价，辅导提升 3. 组内研讨	研讨	赵老师，专家	看教案，听试讲
第4次 4月学期第6周	提升教师心理课堂反思能力	1. 三位青年教师对本周公开课做课后反思、总结 2. 组员进行听后总结分享	研讨	赵老师	听每个人总结思路
第5次 4月学期第8周	总结期中前心理课堂教学，对期中后心理进度、课堂要求进行研讨	1. 每个组员对教育教学工作进行阶段小结 2. 对每个人的教案进行点评 3. 心理组长进行工作阶段小结，对后半学期教育教学进行布置	讲授研讨	赵老师	听取每个人总结发言

活动 时间(周)	教研 主题	教研内容	教研形式	主讲人	教研效果 评价方式
第6次 4月 学期第 10周	心理视频在 心理课堂的 应用	1. 通过多媒体进行讲解 2. 组内成员研讨	讲授研讨	李老师	设计教 研反馈
第7次 5月 学期第 13周	心理故事在 心理课堂中 的应用	1. 通过多媒体进行讲解 2. 组内成员研讨	讲授研讨	陈老师	设计教 研反馈
第8次 5月 学期第 14周	心理游戏在 心理课堂中 的应用	1. 通过多媒体进行讲解 2. 组内成员研讨	讲授研讨	王老师	设计教 研反馈
第9次 6月 学期第 16周	心理咨询技 术在心理课 堂中的运用	1. 通过多媒体进行讲解 2. 组内成员研讨	讲授研讨	外聘 专家	设计教 研反馈
第10次 6月 学期第 18周	提升教师课 堂综合能力 心理、生涯 教学总结	1. 每位成员发言、分享 2. 心理组长作总结性发 言	研讨	赵老师	听大家发 言，组长 总结

第三章

研之有方
——校本教研的基本要素

校本教研的具体方式多种多样，但究其根本，主要围绕自我反思、同伴互助和专业引领这三个基本要素来进行。教师个体的自我反思、教师集体的同伴互助和专业人员的专业引领，这三个要素分别具有相对的独立性，但同时又是相辅相成、相互渗透、互相补充、缺一不可的。自我反思贯穿于校本教研的始末，但若缺乏同伴的互助和专业的引领，那么教师的自我反思只能陷入孤立无援、自说自话的尴尬境地；但若只有教师同伴之间的横向交流而缺乏专业引领，校本教研可能会因为浅层次、多重复而陷入徘徊不前的局面；专业的引领如果离开教师的实践与自我反思，也只能成为毫无意义的"空谈"。因此，只有充分发挥自我反思、同伴互助和专业引领各自的作用，关注彼此之间的整合与渗透，才能最大限度的实现校本教研的有效性。

第一节　校本教研中的自我反思

　　"对于专业人员来说，最难的问题不是应用新的理论知识，而是从经验中学习。学术知识对于专业工作是必需的，但又是远远不够的。因此，专业人员必须培养从经验中学习和对自己的实践加以思考的能力。"[1]教师这个职业既关注应用性，又强调创造性。教师在实践中，往往会面对许多不可测的、偶然性的情境，并且要在这种情境中迅速做出相应的判断和选择。这些都要求教师不断反思自己的教育教学行为，研究新环境、新问题、新情况，只有这样，才能不断适应教育教学工作。反思被认为是"教师专业发展和自我成长的核心因素"，校本教研离不开教师的自我反思。若失去了教师的自我反思，校本教研将永远只是一种教师游离在外的活动，无法真正触动教师的思想和思维，也难以促进教师教育实践的实质性改进。所以，自我反思是校本教研最基本的力量和最普遍的形式。

一、自我反思的内涵

　　在教育领域，较早系统论述"反思"问题的是杜威，他更强调"反思

---

[1]　李·S.舒尔曼.理论、实践与教育的专业化[J].王幼真，刘捷编译.比较教育研究，1999（3）：37—41.

性思维"（Reflective Thinking），在《我们的思维》中，他将其界定为对于任何信念或假定性的知识，按其所依据的基础和进一步结论而进行的主动的、持续的和周密的思考。[1]杜威还探讨了反思性思维的三个特征：一是连续性，即反思性思维虽然是一种思想，但是不同于一闪而过的意识流，而是有一定连续性；二是这种连续性旨在求得一个结论；三是反思性思维强调某种"确定性"。所以反思性思维等同于信念但又不完全等同于那些未经检验的信念，强调个人的考察、检验与探究。杜威认为，个体进行反思，有三种态度是非常重要的，一是开放的头脑（Open-mindedness），二是责任感（Responsibility），三是专心致志（Whole-heartedness）。[2]正是这三种态度确保和推动了人们的反思行为。

此后，肖恩基于对技术理性模式的批判与反思提出了"反思性实践"[3]。传统的技术理性假设存在一个确定不变并且充满稳定性的问题情境，专业工作者可以通过预先习得一些专精化或标准化的专业知识，再直接应用到问题情境中的方式来解决实际问题。可随着社会系统的逐渐复杂化，专业知识在应对战争、贫困、环境等一系列科学技术或公共政策领域问题时越来越力不从心。由此，肖恩认为，专业知识之所以会有如此遭遇，主要是因为其忽视了实践情境的复杂性、不确定性、不稳定性、独特性和价值冲突性。因此，肖恩强调要实现由技术理性（Technical Rationality）到行动中反思（Reflectionin Action）的转变。而所谓"行动中反思"，是实践者通过与情境不断地进行"反思性对话（Reflective Conversation）"而建构出的一种既适应于独特情境又不失严谨性的"行动中的理论"，能

[1] 约翰·杜威.我们怎样思维——经验与教育［M］.姜文闵译.北京：人民教育出版社，1991：6.

[2] 刘加霞，申继亮.国外教学反思内涵研究述评［J］.比较教育研究，2003（10）：30—34.

[3] 周钧.技术理性与反思性实践：美国两种教师教育观之比较［J］.教师教育研究，2005（6）：76—80.

够有效应对前述问题。肖恩将反思与行动有机的结合起来，更强调手段与目的、思想与行动的统一。此后，与反思相关的概念，包括"教师反思""批判性反思""反思性教学""反思性实践"等在教育界的应用越来越广。

校本教研中的自我反思，首先意味着教师的自我反思是在校本教研过程中产生的，不同于教师一般的、独立的自我反思活动。其一，校本教研中的自我反思一般是教师围绕校本教研的主题对自己的实践与观念进行的反思；其二，在这个过程中，教师同伴之间的互动交流以及专家的引领对教师自我反思具有重要的推动作用；其三，校本教研中的自我反思具有一定的过程，教师的自我反思由校本教研活动引起，但不局限于校本教研过程中，在特定校本教研活动之后仍然可能持续，从而真正影响教师的实践。正如杜威所言，反思不应该是"一闪而过"的意识流，而应该是连续的思维，所以，仅仅在校本教研过程中"一闪而过"的反思是不够的。

其次，校本教研中的自我反思是教师立足于自我以外，对自身实践方式、情境以及背后的观念和假设进行的多视角、多层次的思考。其一，教师的自我反思不仅仅局限于某一个具体的教育教学行为，还包括特定行为产生的背景、背后深层的理念分析等，也就是说，教师的自我反思不仅关注"是什么"，还关注"为什么"。其二，教师的这种自我反思是立足"自我以外"的，力求通过多视角、多层次的思考对反思的内容作出合理的判断、对情境中的行为进行重构，并愿意用多种方法尝试，进而得出相应结论、做出选择。其三，教师的这种自我反思在思考的基础上应该对实践有着真实的触动和推进，"反思"与"行动"应该有机的统一起来。

综上所述，校本教研中的自我反思是由校本教研活动引起的，教师对于自身实践方式、情境以及背后的观念和假设，立足于自我以外的多视角、多层次的联系思考。

二、自我反思的内容

在校本教研中，教师自我反思的内容具体有哪些？从上文中对其定义可以看到，教师要对"自身实践方式、情境以及背后的观念和假设"进行反思，具体来说主要包括三个方面：

一是行为系统。教师在校本教研活动中，围绕特定主题往往首先想到的是，在特定情境下"我"是怎么做的，这其实就是对自己教育教学实践行为的反思。教师在没有反思时，他就是实践的主体。但当教师开始反思自己的实践、对此进行审视时，他自己和他的实践行为就成了客体。布鲁巴赫在借鉴舍恩行为反思理论的基础上，把教学实践的反思分为对实践反思、实践中反思和为实践反思。[1]毋庸置疑，校本教研中的自我反思发生在实践之后，是对教学经验和教育教学行为进行的回顾性分析和再思考，是对实践的反思。这种反思虽然是由校本教研所引发的，但其根本是为了促进教师改进教育教学实践，所以是为了实践的自我反思。以教师在课堂教学中的实践为例，具体包括：我的教学语言是否明确，我预设的教学目标是否已经实现，我进行的教学活动是否有效，班级教学氛围是否融洽，学生是否都积极参与到我的课堂教学之中，我在课堂上是否对学生的学习状况给予了积极的反馈、激励学生不断地探究和持续的学习，遇到突发情况时我是否能及时调整自己的教学节奏和教学行为，我采用的教学方法是否恰当，有哪些需要改进的地方，等等。对实践行为的反思往往是教师最容易进行的自我反思，直接影响着教师行为的变化。

二是知识系统。知识是教师进行教学决策和开展行动的基础，它既包括教师所具有的特定学科知识和教学知识，又包括当代科学和人文方面的

---

[1] 赵昌木.教师在批判性教学反思中成长［J］.教育理论与实践，2004（9）：42—45.

通识知识，还包括大量的实践知识。教师对这些知识的获得一方面源于在入职前所接受的师范教育，另一方面来自工作之后的教学实践、继续学习和自我反思。但是，无论是教师通过系统学习获得的知识，还是从他人那里借鉴吸收来的知识，或者是基于自己实践思考得来的，都不能确保它们本身的合理性以及被运用的有效性。所以，教师不仅仅要反思自己的具体行为，还要对支撑行为的知识进行反思，也就是既要思考知识运用的有效性，又要审视知识本身的合理性。对于教师来说，对知识系统进行反思的基本前提是能辨识自己实践背后的理论知识，如果不能对其进行辨认，知识就不会对实践产生影响，即使是意识到自己某一行为需要改进，也只是特定情境范围内的行为变化，而没有从知识合理性的角度来思考行为。比如，有语文教师在反思自己讲授《为人民服务》一课时，以"学校话剧社招新的面试"这一情境来导入，在教研活动中不少教师提出这个导入比较累赘、价值不大，但该授课教师一直坚持，后来在反复讨论中才发现，该教师坚持的原因是他认为他的课必须要促进学生的深度学习，而"学生的深度学习就是情境学习"，一定要创设一个学生熟悉的情境。所以，从这个讨论中可以看到，教师反思时很容易对某个实践行为感觉不妥，但如果不从知识层面进行深度思考的话，很难真正触动和改进实践。因此，在校本教研活动中，要注意引导教师不断反思自己的知识系统，以清除自己在理论上的误解和偏执，增进对教育实践及其复杂情境的洞察和见识。事实上，教师知识的增长在一定程度上是可以借助实践与反思来实现的。

三是信念系统。教师在校本教研的自我反思过程中，不仅要对行为和知识进行反思，更要对教育教学行为背后潜在的理念和假设进行审视和质疑。反思是一个能动的认知加工过程，其实很多都涉及个体所持有的内在信念。教师持有各种各样的假设和信念，而他们的这些假设和信念总是直接影响着行为，若不对信念进行反思，那么行为的改变只能是短暂的、一时的，所以，校本教研中的自我反思必须关注教师所持有的信念。在没有反思这些信念之前，教师可能并没有意识到信念对行为的直接影响，或者说，教师可能自以为它们是正确的、合理的和客观的，并以此作为自己教学思想和行动的向导。因此，如果不对这些信念进行反思，不对这些不合理的假设进行审视和重构，必然会直接阻碍教师的教学和持续成长。比如，有位教师在课堂上提出问题总是自己"作答"，直接"教"给学生相应的答案，而不是启发学生通过自己的思考来得出相应结论，在教研活动中其他教师对此提出质疑，但这位教师的反馈是"学生都不会啊，如果学生自己来思考，不一定能想得到，而且会花费大量的时间。课上没有足够的时间供学生思考。"从表面上看，这只是教师在提出问题后的"行为"改进，但其实质反映的深层次问题是教师需要改进观念——教师是重要的引导者而不是"灌输者"，学生是学习的主体而不是"容器"。若该教师不能反思自己的教育教学观念，那么改变的只是暂时的行为，甚至可能只是一节课某个环节的行为，不能改进的是持续的教育教学实践。所以，校本教研中教师的自我反思必须揭示和考察行为背后潜在的假定或信念，并审视更深层次的信念，要明晰且能判断出那些隐含于教学行为中、妨碍课堂生活和合理实践的潜在假设、信念，以创建更加和谐的、高质量的教学生活。

当然，校本教研中教师的自我反思不应局限于行为、知识和信念系统，还应广泛地关注整个教育教学之外的社会政治、经济和文化的合理性。一方面，教育系统只是社会系统的一个子系统，教育的很多问题不是教育本身的问题，它折射出的是整个社会的问题；另一方面，社会政治、经济与教育之间有着千丝万缕的联系，社会文化思潮涌现、各种价值观碰撞直接影响着教育中的实践与观念，教育领域本身也不断出现新的"名词"和"概念"，在这个过程中，教师应该保持理性的反思，对教育教学之外的整个社会保持一种关心、联系和审视的眼光，应当主动地介入社会生活并保持一种"理性"的立场，理解教育以及教育中特定问题产生的原因、结果以及各种环境和条件的限制因素，在自己力所能及的范围之内做出改进。

三、自我反思的维度

教师教学反思应该是多视角、多维度的，美国明尼苏达州圣保罗市托马斯大学的教育学教授斯蒂芬·D.布鲁克菲尔德（Steph D.Brookfield）认为，批判反思型教师有"四个镜头"：我们作为教师和学习者的自传，我们学生的眼睛，我们同事的感受以及理论文献。通过这些不同的镜头来观察自己的实践，教师就会对自己所持有的扭曲的和不完整的假定产生警惕，并对它们作进一步的审查。[1] 在校本教研中，教师的自我反思要从自己的经历、同事的评价、理论文献的学习以及所回忆的学生反馈中解读并审视自己的行为、知识和信念。

从自己的经历中反思。在校本教研中，对于特定主题，教师经常想到的是自己在这方面的已有经历。事实上，每位教师的经历都蕴含着他成功的经验与失败的教训，一定程度上反映了他的知识和观念。教师在校本教研活动中，往往阐述的是"我遇到过这样一种情况""我是怎么做的"等，这种阐述往往是主观性的、经验式的，甚至充满了丰富的感情色彩。但是，这样的回忆和反思对教师具有重要的影响，甚至比一般的理论对实践的影响还要大。或许教师作为学习者所获得的教育知识、模式和概念成为对后来实践最有意义和最根深蒂固的影响因素，或许教师自己早期的经历和榜

---

[1] ［美］斯蒂芬·D.布鲁克菲尔德.批判反思型教师ABC［M］.张伟译.北京：中国轻工业出版社，2002：37.

样的力量成为他做一名教师最深层的忠诚和动机，或许教师从教之初所形成的教学方式会影响教师后来的教学风格。教师拥有各种各样的经历，这些经历直接影响着他们此后的观念和行为。当然，拥有丰富的经历并不意味着教师对它们都进行了反思。只有对它们进行剖析、审视和判断，才能发挥"经历"的作用，促进教师的发展和进步。教师通过对自我经历的回顾与分析，可以进一步明晰自己的性格特点、认知特点、知识结构、个人成长的决定性因素以及个人专业发展的转折点和关键事件、个人常用的教学方法、教学成功案例和教学诀窍等。这有助于教师认识和了解自己，而不是一味地听从别人的指导或者盲目地崇拜权威。通过对自身经历的回顾与反思，教师对各种理论、假设、信念和自己的实践有了更加清晰的认识和了解，对一些核心概念进行了比较彻底的认识，对自己深层次的信念和假设有了审视判断，从而为更合理地重构自己的行为、知识和信念打下基础。

从同伴教师的评价中反思。校本教研中教师之间的互动交流必不可少，在这种交流过程中，教师只有关注他人对自己的评判，尤其是同伴教师的建议和帮助，才能在观察、审视自己的教育行为、知识和信念时更客观。教师的行为需要得到密切关注和批判性审视，教师作为行为的主体，有时是"只缘身在此山中"，难以对自己的行为作出深刻的认识和客观的判断，而同伴教师的直观感受在一定程度上可以帮助教师更清晰地了解自己的行为。在校本教研活动中，教师通过彼此的对话与交流、甚至是批判与建议，分享自己真实的生活经验和感受，让同伴倾听自己的想法和做法，来了解同伴的相关看法。同伴教师所提出的意见虽然不一定都能像专业研究者那样具有一定的准确性和概括性，但其观点常常能更好地促进教师反省和思考。与同伴教师的对话为教师教学实践的改进提供了新的可能性，为教师分析和解答疑惑提供了新的思路和方法。

从理论解读中反思自己。校本教研离不开对理论的研究与思考，而对理论的系统学习可以帮助教师更好地反思自己，一是更好地表述自己的行为以及理念。很多时候教师只是感觉"这个地方处理得不太对劲"或者"今天的课上得很舒服"，同伴教师在评价时也会指出"这里有点问题，应该怎么做更合适"，但是，究竟是什么行为需要改进？为什么要改进？出现问题的根源是什么？这些问题都没有在教师的自我判断和同伴教师的评价中得以体现。而理论分析可以帮助教师对直觉判断和缄默知识作进一步的分析，促进教师更好地认识自己的行为、行为背后的知识甚至潜藏着的理念与假设；二是基于反思，找到更好的实践策略。在明确自己行为和假设、理念之后，通过理论分析能够更好地看到现存问题的根源所在，进而便于教师适时调整、重构实践策略，理论分析在为教师自己的实践提供多种可能的同时，也提供了"最优化"的选择。由此可见，科学合理、系统完善的理论能够提供给教师一套分析行为的工具和标准，促使教师从更广阔的视野、更高的层次来审视自己的思想和行为，甚至能帮助教师发现那些存在于教育教学行为中，但自己从未意识到的各种隐含假设和理念。唯其如此，理论才能发挥指导实践的真正作用，而教师也在对理论的学习中通过反思来不断改进自己的实践。

四、自我反思的方式

自我反思作为一个过程，应有相应的方式与载体。对于教师的自我反思方式，已有很多相关研究，比如反思日记、反思随笔、教育叙事等。但是，校本教研中的自我反思不同于教师个体自发的自我反思，它是在"校本教研活动"过程中实现的。主要包括以下方式：

经验分享。在校本教研过程中，很多时候教师的自我反思是从围绕特定教研主题分享自己的经验开始的。在这些经验中，课堂教学是一个永恒的主题。例如，有的教师在分享上了一节"感觉很舒服"的课时，需要反思的是，上课前自己做了哪些准备，备课的时候考虑了哪些要素，准备过程中直接影响课堂效果的要素是什么。这是对课前准备的经验分享与反思；在上课过程中，哪些环节让自己觉得很顺畅，哪几个地方处理得特别好，采用了哪些教学方法，学生的反应如何，整节课"让人舒服"的关键是什么，这是对课中实践的经验分享与反思；在课后，自己如何总结这堂课，打算如何将这堂课的"核心优势"迁移到其他课堂之中，这是对课后总结的经验分享与反思。有的教师则在分享自己失败的经历中反思，比如有的教师在校本教研活动中回忆自己在面对与学生发生冲突时，因感觉自己"被学生挑衅"而情绪失控，以至影响了整节课的教学。在这种讲述自己经历的过程中，作为讲述者的教师也逐渐反思了自己的行为和观念，更加明晰了自己在处理学生关系时存在的问题和不足，进而"重构"相应的实践策略。所以，校本教研中的经验分享，不仅仅是给予其他教师相应经验和启发的过程，更是一个分享者对自己的行为系统、知识系统和观念系统进行系统而理性的反思过程。

理论学习。教师能够从对理论的分析解读中反思自己，所以理论学习是促进教师自我反思的重要方式。在校本教研中，必然会涉及教师的理论学习，比如专家的理论讲座、教师团队对一本书的共同研读等方式。但在这个过程中，教师首先要意识到，理论对教师的反思和发展具有重要意义。有些教师认为"理论是高不可攀、遥不可及的"，有些教师觉得"理论研究不懂实践"，对理论认识的误区导致教师忽视了校本教研中的理论学习。事实上，在校本教研活动中，教师要想保持自我反思的准度、深度和高度，系统的理论学习是必不可少的。对自我实践的批判、反思与超越很大程度上依赖于理论对现实的反思精神，如果缺乏理论的学习，没有理论的指导，即使教师能够准确判断实践行为的合理与否，也会因为失去了理论的指导而难以对实践策略进行"重构"，而那些表面上看起来用理论来指导实践的做法在本质上很可能背离了实践的要求，这将极大地影响校本教研的作用和教师实践的改进效果。一些教师不读书不学习，因而不知道当前的教育观、课程观、教学观、学生观、学习观、评价观等是怎样的，不知道当前的教育形势如何，更不知道自己的教学观念和行为是一个什么样的状况。实践中的困惑和迷茫反映的实质是教师对理论理解的粗浅，只有将实践中出现的问题上升到理论层面加以剖析，才能真正探寻到问题的根源、找到问题解决的方法与策略，才能使教师对教育思考的水平和深度得到提升和拓展。所以，教师在校本教研中要充分重视理论学习，通过不断学习教育教学的先进理论，将学与思、学与教、学与研等结合起来，在与理论的对话中反思自己的观念和知识，反思并持续改进自己的教育教学实践。

观摩学习。在校本教研活动中，观摩是一种重要的活动方式，既包括对同伴教师教学的直接观摩，也包括对课例视频的间接观摩。观察作为一种知觉学习形式，是人们认识事物、获得知识、形成能力、改进行为的基础和前提。观摩他人的教学可以为教师提供真实案例，让他们感受、学习与思考各种不同的教学设计、组织形式、教学风格等。比如，不少学校以教研组或备课组为单位，选一特定内容进行集体备课，由一名教师承担该课的课堂教学，在课堂观摩之后由本组教师进行集体评课。上课教师收集大家讨论的意见，对原有教学目的、内容和方法进行相应调整，在新的班级再次重上这堂课，课后本组教师对这堂课进行"二次打磨"和第二轮评课。这种方法注重教师群体对自己教学实践活动的反思。还有的学校在校本教研活动中，选择名师课堂作为课例，组织教师对视频进行观看和研讨。教师可以通过分析研讨名师课堂的主要特征、突出亮点，从中领悟名师课堂的内在精神实质，进而对照反思自己的课堂实践，找出有待改进之处，选准"学习名师"的突破口，把自己的日常课堂教学变成一步一步走近名师的攀登台阶。观摩他人的课堂教学过程，也是教师不断反思的过程，通过吸取他人的经验、联系自己的教学实践，多听、多想、多问甚至多做，教师在这个过程中可以将他人的成功经验、先进理念逐渐内化为自己的思想、知识和行为。

对话研讨。校本教研中的自我反思离不开对话，尤其离不开教师同伴之间的对话研讨。虽然反思本身是一种与自己的对话，但这种对话可以建立在同伴对话的基础上。同伴间的对话建立在双向参与的基础上，不是纯粹单向的自说自话，而是一种互相推动的交流活动。倘若教师只是"自言自语"——既缺乏对他人发言内容的思考，也不关注他人对自己发言的反馈，那么这个过程教师也就没有自我反思，只是将自己前期已有的思考表达出来而已，根本称不上对话。所以，对话一定是一个双向参与、思维碰撞的过程。比如，有的学校教研组设计"每月感悟"，事先让教师把每个月的收获、感悟与困惑、所遇到的问题等通过一定的形式进行总结，教研组将这些问题进行整理归类，然后确定主题分发给大家，让大家提前做好研讨的准备。这样，在校本教研时，教师就围绕共同的主题，大家一起讨论解决问题的策略方法，并最终形成相应的方案。这个过程重在营造对话交流情境而不是发言展示情境，以期让教师在这种思维的交锋中不断反思自己的教学实践和教育理念。

当然，以上只是简单列举四种方式，但实际上校本教研中的自我反思应该贯穿在各种活动中，如果没有教师的自我反思，校本教研也不可能具有真正的价值，教师的实践也难以实现真实的改进。需要注意的是，在校本教研中，教师的每一次自我反思都是对过去特定理念和行为的扬弃与对未来发展图景的规划，它既是一种自我否定，也是一种自我超越。而这种自我否定并不是一件容易的事，尤其是当教师已经习惯甚至喜欢上固有的思维方式和行为模式时，自我反思意味着他们要向这些发起挑战，将自己置身于一个完全陌生的甚至敌对的空间去反思和改变。所以，校本教研在活动设计中一定要创造出鼓励教师自我反思、敢于自我否定的环境和空间。

第二节　校本教研中的同伴互助

一、同伴互助的内涵

同伴互助（Peer Coaching）是校本教研活动设计中必须关注的一个要素。"同伴"较之于"同辈"更能体现出不同教师个体之间的平等关系，教师年龄、资历、职位上的差异忽略不计；"互助"与"支持""监督""咨询"等词相比，强调的是同伴教师之间对话与理解的双向过程，更能体现出教师间相互合作、共同进步的过程。20 世纪 80 年代以来，伴随着世界范围教师专业化运动的重心逐渐由关注教师的地位转向关注教师的角色和实践[1]，教师之间的同伴互助也随之受到重视。人们希望通过促进学校内部作为一个集体的教师间的合作来促进教师发展，进而实现学校教育的改善。因此，教师之间的协作成为连接教师发展与学校教育改善的桥梁。[2]

关于同伴互助的内涵，不同研究者给出了不同的界定。道尔顿与莫伊尔（Dalton & Moir）认为同伴互助是教师间相互支持和相互帮助，相互分享和学习新知识，提高教学能力，解决实际教学问题，加强教师间的合

---

[1] 饶从满，王春光.反思型教师与教师教育运动初探[J].东北师范大学学报（哲社版），2000（5）：86—92.

[2] 张贵新，饶从满.关于教师教育一体化的认识与思考[J].课程·教材·教法，2002（4）：58—62.

作和互助的手段。[1]罗宾斯（Robbins）提出，同伴互助是通过两个或者多个教师一起工作、相互帮助和分享各自的教学思想和观点，开展课堂教学研究，反思和解决教学实践存在的问题，形成和完善新的教学技能的过程。[2]余文森认为同伴互助是教师在自我反思的基础上，加强教师在教学活动上的专业切磋、协调和合作，共同分享经验，相互学习和彼此支持，实现共同成长。[3]朱宁波认为同伴互助是发生在两个或多个教师间的、以专业发展为指向、通过多种手段开展的，旨在实现教师持续主动地自我提升、相互合作并共同进步的教学研究活动。[4]汤立宏认为同伴互助建立在教师个体自我反思的基础上和共同的文化背景下，为谋求教师专业发展而结成的学习共同体，开展互助合作性的学习研讨活动，共同分享经验和探究问题，实现教学专业的主动发展。[5]基于上述对同伴互助的已有研究，可以看到：

第一，校本教研中的同伴互助是以教师专业发展为指向的互动方式。教师之间的互动一般包括专业互动和非专业互动（社会—情感互动）两个方面。对于校本教研活动本身而言，同伴互助指向的是教师的专业互动。但是，这并不否认教师非专业互动的重要性。非专业互动为专业互动提供了基础，教师彼此之间有了良好的情感交流，才能更好地促进教师之间的专业互动和专业发展。因此，建设合作的教师文化、打造一个团结协作的教师专业共同体，对于校本教研中的同伴互助至关重要。

第二，校本教研中的同伴互助出自教师的自愿。同伴互助可以由学校

［1］刘珍珍.教师同伴互助的有效性研究［D］.华中师范大学硕士学位论文，2014：11.

［2］转引自朱宁波，张萍.校本教研中的教师同伴互助［J］.教育科学，2005（5）：30—32.

［3］余文森.论以校为本的教学研究［J］.教育研究，2003（4）：53—58.

［4］朱宁波，张萍.校本教研中的教师同伴互助［J］.教育科学，2005（5）：30—32.

［5］汤立宏.校本研修专论：中小学教师人力资源开发与专业发展研究［M］.北京：海洋出版社，2006：11.

管理者或者教师外部的其他组织发起，但是能否真正实现同伴互助，首先取决于教师是否自愿参与。如果是非自愿参与，这种同伴互助的关系便难以维系长久。但需要注意的是，教师的"自愿"并不等于教师的"自发"。正如有研究者指出"合作关系不容易自发形成，如果把自发性作为教师合作的基本特征的话，实际上就放弃了我们对培育教师合作的期望和努力了。"[1]欧美各国近年来采取的"同伴互助"策略已经表明，尽管它并非教师自发，但其在实践中仍是促进教师发展的有效方式。因此，同伴互助尽管并不一定是教师自发行为，但若在校本教研中采取适当的策略推进同伴互助，当教师真正体验到同伴互助所带来的专业成长后，必然会由"非自发行为"转为"自愿参与"。所以，自愿并不等于放任自流，而是要通过恰当的策略让教师由"非自发"变为"自愿"地进行同伴互助。

第三，校本教研中的同伴互助建立在参与者平等的基础上。这种平等并不意味着参与者资历、年龄、职位等客观条件的一致，而是指参与者在参与校本教研的过程中，在资源共享、共同决策、共同负责等方面拥有平等的权利和义务。"同伴"在人数上应该是两个或者两个以上，人员组合上可以是相同学科教师组合，也可以是不同学科教师组合；可以是新教师之间的组合，也可以是新老教师的组合。"同伴"教师的组合相对比较灵活，但参与者双方的地位是平等的，彼此之间互助互促，不存在主次之分，双方在校本教研活动中的贡献无论大小都是独特的，都对提升校本教研活动的有效性起着不可替代的作用，每个同伴的贡献都应该被平等的看待。

第四，校本教研中的同伴互助是一种具有批判性的互动关系。同伴互助的提出在某种程度上针对的是西方个人主义教师文化带来的教师"孤独"

---

[1] 转引自饶从满，张贵新.教师合作：教师发展的一个重要路径［J］.教师教育研究，2007（1）：12—16.

问题，但这并不意味着同伴互助一定要追求高度一致的共有文化。同伴互助是一种批判性互动，教师在相互批判中通过反思、对话和交流实现进步。正如有研究者把对冲突的主动涉入看作是差异的对话，看作是良性运行教师共同体的一个规范的、基本的维度，并认为冲突可以营造学习的环境，因而能够带来教师共同体的持续更新。[1] 所以，同伴互助带有"相互批判"的意蕴，校本教研中的教师之间是一种"诤友"关系——通过批判实现共同发展。

综上所述，校本教研中的同伴互助是指在两个或两个以上教师间发生的以专业发展为指向的交往互动，教师出于自愿，平等地围绕教研主题进行探讨，从而形成一种良性的批判性互动关系。

需要注意的是，就校本教研的内涵而言，它不同于师本研究。所谓师本研究，即教师凭个人兴趣爱好所开展的研究或单个教师针对自己的教学或教育中面临的问题所进行的研究。校本教研是在学校层面上展开的，是学校行为，一方面校本教研致力于解决学校层面所面临的问题，即教师所碰到的共性问题；另一方面校本教研也不是靠个人的力量就可以完全做得到的，它需要借助团体的力量。所以，校本教研常常体现为一种集体协作，体现为教师作为研究者相互之间的合作，靠团体的力量来从事研究活动，最终达到研究目的。

二、同伴互助的意义

校本教研中的同伴互助是基于教师之间的差异，通过同伴间的相互帮

---

[1] 饶从满，张贵新.教师合作：教师发展的一个重要路径[J].教师教育研究，2007（1）：12—16.

助和支持来进行教研的，能够有效地克服教师个人在实践与反思中出现的弊端，既能提高校本教研的有效性，又能加强学校教师之间的良性交流，调动教师参与教研的积极性，促进教师专业发展。

首先，同伴互助有利于提高校本教研的有效性。倘若只靠教师个人反思或者专业学习来教研，虽然教师有可能学到最新的教学理念和专业知识，但可能还是停留在"学"的浅层——只是了解了先进理念"是什么"，不知道"为什么"和"怎么办"，甚至不知道跟自己的实践有何关联，更不知道如何去"用"，无法真正将所学的知识转化为具体的实践行为，也无法将其用到实际中去解决教育教学问题。同伴互助，可以让教师们在"学"的过程中探讨"用"，通过相互启发甚至相互批判，进一步明了自己在实践中的问题，明确"为什么"，明晰具体"怎么办"，在这个过程中既拓展了"学"的深度，又找到了将所学的知识与理念真正落到实践中的策略和方法，实现了校本教研的根本目标，也彰显了校本教研效果，促进了本校教育教学水平的提升。

其次，校本教研中的同伴互助有利于促进教师团队的专业发展。许多研究证明，好教师最需要有志同道合的同事共同努力、互相激励和有空间进行教学工作。"在一个紧密连接在一起的集体内，即使是一个最年轻、最没经验的教师也会比任何一个有经验有才干的但与教育集体背道而驰的教师做出更多的工作。""如果教师同行之间能够相互启发、帮助、切磋，表现出文明、奉献、相互理解等职业精神，一个教师对教育的贡献就不只是自身的使用价值本身。"[1]这些观点表明，教师间的同伴互助对于教师的个人成长、专业发展具有重要的意义。同伴互助在促进校本教研实现目标的同时，也将促进整个校本教研团队的专业提升和共同发展。

---

[1] 吴晶京.小学沙龙式校本研修的探讨[J].上海教育科研，2008（8）：56—57.

最后，校本教研中的同伴互助能够促进教师合作能力的发展。一个不懂合作的教师不仅会影响自己的发展，还会影响他的学生和他的同伴的发展。同伴互助必然要求教师之间进行合作、交流和互动。如果教师彼此之间缺乏良好的合作能力，是一种虚假、形式的互动，那么也难以真正实现"互助"的目的。校本教研中的同伴互助强调教师彼此间的合作交流、互帮互助，并为教师的互动交流搭建平台，提供知识、时间、资源等多方面的支持，使得提高教师的合作能力成为可能。

三、同伴互助的基本理念

同伴互助作为校本教研的基本要素，蕴含着一些基本理念。在校本教研之初，教师彼此之间有着不同的理念，但若辅之以恰当的策略引导，使之具有共同的理念，会促进校本教研中的同伴互助的实现。

一是共同的校本教研目的观。校本教研的目的是促进教师的专业发展，同伴互助是为了促进教师同伴间的相互学习、经验分享，让教师感受到"有用"，进而积极主动地参与到校本教研中，实现教师的专业发展。因此，教师首先应该认识到，校本教研中的同伴互助是以教育教学中的实际问题为教研主题，其根本目的在于通过研究问题、解决问题来实现教师专业发展。因此，在这个过程中，教师彼此之间会依据自己的知识和能力进行不同层面、不同角度的思考与分析，对同伴的教学行为与教学观念、学生的学习活动进行客观的分析，找出同伴教学中存在的问题和不足，深入分析问题存在的原因，共同探讨问题的解决策略和方法，研讨出其中存在的共同问题和规律性策略，并将其运用到具体的教学实践中。这一过程可能会出现批判与否定，但其根本目的是为了促进教师专业的共同成长。同时，在这个过程中，教师参与同伴互助活动的积极性和主动性会进一步提高，教师间的信任会进一步提高，教师间的互相帮助会进一步深化，教师间的互助氛围会更加浓厚，这将促进教师同伴在课堂教学的变化中提升知识和能力，有助于增强团体精神和凝聚力，实现教师个体的专业发展和教师集体的共同发展。

二是一致的教育价值观。教育价值观是教师对教育的作用与意义等问题的根本看法。教师对教育价值的认识与理解会影响教师对待课程教学的态度和教育学生的方式，教师的教育价值观指导和调节甚至决定教师的教育教学行为，也会对教师的其他教育观念产生影响。同伴互助是建立在具有共同的教育价值观基础之上的，倘若一位教师认为教育的作用就是帮助学生拿高分、上好学校，而另一位教师认为教育的作用是促进学生实现真正的、全面的发展，两位教师便很难就同一校本教研主题实现同伴互助，因为彼此的教育价值观不同，所展现的教育教学行为便会不同，教育效果也必定不同。然而，要实现有效的同伴互助，不能简单的就教师表现出来的行为进行分析和改进，而应该看到行为背后的教育价值观，要采取有效策略让教师认清自己所持有的教育价值观、明确应该具有的教育价值观。在同伴互助过程中，要帮助教师进一步认识到教育的目的是促进人的全面发展。教师通过自己的教育教学活动，促进学生核心素养的提升。教师应该认识到，自己所采取的教学方法、教学策略，以及校园文化、班级文化等都会影响学生的全面发展。教师在教育和培养学生的过程中，促进了学生的全面发展，同时也促进了自身的专业发展。作为教师的较高层次的需求得以满足，自身价值得以实现，教师从而也能获得更高层次的精神享受和幸福感。拥有共同的教育价值观，将使得同伴互助发挥事半功倍的作用。因此，帮助教师梳理、明晰自己"已有"和"应有"的教育价值取向至关重要。

三是相似的教育核心问题观。教育价值观是教师对教育的基本看法，它直接影响着教师对一些核心的教育问题——比如教学目标、师生关系、教学评价等的看法。有效的同伴互助不仅要求教师具有一致的教育价值观，在一些有关教育的具体核心问题上，也要求教师具有相似的看法。倘若不同教师个体对教育领域内这些核心问题持有不同看法，不仅会影响教师个体的教育教学实践，还会影响教师同伴间的积极作用、向心力和凝聚力。因此，在校本教研的同伴互助活动中，应该引导教师建立相似的教育核心问题观。比如，在教学目标上，虽然不同教师所教学科或者所教年级不同、面对的学生群体不同，但提升学生的核心素养应该是课堂教学共同的目标，这其中既要促进学生基础知识和基本技能的学习，又要培养学生的高阶思维能力，还要关注学生情感态度价值观的形成。因此，教师同伴都应该意识到，只关注学生对基础知识和基本技能的掌握是远远不够的，知识、思维、价值应该相结合，不能只重视一方面而忽视另一方面。事实上，在校本教研过程中，涉及教育领域内的核心问题很多，而在同伴互助过程中，首先应该关注的是，就某一个核心问题教师同伴是否达成一致的观点。在此基础上，才可能进一步去对教师行为策略进行研讨、分析和改进。

所以，校本教研中的同伴互助首先关注的是教师同伴在教研目的、教育价值以及具体的核心问题上是否具有相似的理念。倘若只是关注具体行为策略而忽视这些直接影响行为的理念，那么即使是有行为的改进，也只是暂时的、情境化的，治标不治本。相似的理念是教师同伴沟通交流的基础，也是教师改进教育教学实践的关键。因此，校本教研中的同伴互助必须关注对教师理念的引导。

当然，也不能否认在一个教师群体中不同理念的价值。在一所学校中，教师间存在的不同的理念、教学方法和模式等，都是非常宝贵的资源。学校应该注意对那些不同但是合理的思想、观念、行为给予支持。以校为本的教学研究强调科学精神和求实态度，学校要培植学术对话和学术批评的文化，在教师内部营造一种自由研讨交流的氛围。

四、同伴互助的具体形式

关于同伴互助的具体形式，从理论研究来说，比较有代表性的是学者余文森所提出的三种形式[1]：一是对话，具体包括：（1）信息交换，即教师通过彼此交换信息可以最大范围地促进教育信息的流动，从而扩大和丰富教师集体的信息量和各种认识。信息交换具体又包括信息发布会和读书汇报会等；（2）经验共享，即通过经验交流会或经验总结会，教师彼此之间把自己成功的案例和体会、失败的教训和感想与同伴分享、交流；（3）深度会谈，即教师基于良好真诚、彼此信任的人际关系，使教师把深藏于心的甚至连自己都意识不到的看法、思想、智慧展示出来、表达出来，同时产生思维互动；（4）专题讨论，即教师群体围绕某个特定的专题畅所欲言，提出各自的意见和看法。二是协作，即教师们共同完成教研课题或者课程改革任务。协作强调团队精神，群策群力，一方面要发挥每个教师的兴趣爱好和个性特长，使教师在互补共生中成长；另一方面要发挥每个教师的作用，每个教师都要贡献力量，彼此在互动、合作中成长。三是帮助，即教学经验丰富、教学成绩突出的优秀教师指导新任教师，发挥"传一帮一带"的作用，使其尽快适应角色和环境的要求，这其中骨干教师、学科带头人要发挥积极作用。

结合已有的实践探索，校本教研中同伴互助的具体形式包括[2]：

专题论坛。专题论坛是学校为教师专业成长搭建的开放、互动、交流、沟通的平台。从学校层面上看，可以由学校将教育教学中产生的共性问题整

［1］ 余文森.自我反思、同伴互助、专业引领（一）——以校为本的教学研究的三个基本要素［J］.黑龙江教育（综合版），2003（28）：18—19.

［2］ 赵敏."同伴互助"是校本研修的有效形式［J］.中小学教学研究，2008（5）：60—61.

理印发到各教研组，各教研组进行研究后形成高质量研究报告，然后在全校进行交流。交流后由学校提炼总结并形成专题报告，再下发到各教研组、各教师手中。从教研组层面上看，教研组教师应围绕当前学科教学中面临的突出问题，在精心准备之后各自围绕相应主题发表观点，进行讨论。一个专题可以持续一个月，也可持续一个学期，这些专题积累下来便成了系列的专题培训资料。

案例分析。教研组通过描述一个含有具体情境的教育教学案例，引发教师们对这个问题进行讨论，这种方式既切合实际又有说服力。学校可定期向教师征集案例，经过筛选整理后印发给教师，教师根据收到的案例结合自己的观点和已有的经验来准备案例分析的发言提纲，在学校组织的教师研讨会上进行互动式交流，让每一位教师发表自己的看法和处理方式。为提高研讨效果，有时还可以通过案例解读、课件演示、角色转换、情景模拟等方法激发参与教师的积极性。

集体备课。集体备课是一种以教研组为单位，同学科、同年级教师在一起共同备课形成共同的教学设计印发给大家，然后每位教师根据各自情况进行补充、修改形成个性化教学方案的形式。这种形式既能取长补短，又能节省时间。在组织集体备课时应注意以下四点：备前精心准备、备中加强交流、备后注重完善、教后注重反思。

观课议课。观课议课是授课教师和观课教师充分收集和感受课堂信息，彼此围绕相关信息进行对话和反思，以改进课堂教学、促进教师专业发展的一种研修活动。它包括观课前的说课议课、课堂观察、课后反思记录三个步骤。组织观课议课活动的基本要求是：以观察为基础；教师间进行合作性议课；关注学生的学习结果，坚持以学论教；由一位大家都信任的教师做主持，这位教师应思想开明，善于与人进行沟通，具备一定的教育教学技能和思想文化水平。

网上教研。教研组充分利用网上资源，组织教师们在网上学习、教研。教师们可以撰写自己的教师博客、朋友圈，写自己的教育反思，和校内、校外，省内、省外的同行们一起分享、一起成长，网络为教师们相互交流提供了更广阔的空间。

在校本教研过程中，几乎每一项活动都有"同伴互助"的痕迹。但从实践中可以发现，校本教研中的同伴互助还存在很多问题，比如缺乏引领，临时组合，缺乏合作氛围；或者是备课组内碰头聊聊上课进度，谈谈课时安排，简单说说教学方法；或者是一种表演式的浅层合作，以"互相表扬"为主，看起来教师在互动，但其实并没有看到教师的思维碰撞和思想更新。这样的做法将会严重影响校本教研的效果，"萝卜炖萝卜，还是一锅萝卜"。所以，对于校本教研中的同伴互助，教研组不仅要充分认识其内涵和价值，还要积极地引导学校教师群体建立合理的理念、形成合作的教研文化、开展灵活多样的同伴互助活动。

第三节　校本教研中的专业引领

校本教研"以校为本"，围绕"本校"的问题来进行教研，但它绝不仅限于校内的力量。绝对的"本土化"往往会使学校陷入势单力薄、孤立无援的境地。很多学校在开展校本教研的实践中都反映，如果只有本校教师开展教研活动，校本教研往往会"同水平反复、迈不开实质性步伐"，教研力不从心、缺乏深度和高度，其结果是校本教研陷入形式化的误区、缺乏实质性效果。所以，校本教研需要专业研究人员的参与。专业引领是校本教研纵深发展的关键，是校本教研活动不可缺少的要素。

一、专业引领的内涵

在已有研究中，按照专业引领中引领者范围的不同，对专业引领的内涵界定可以分为以下三种：第一种观点认为专业引领就是教研员的引领——专业引领是教研部门研究、指导、服务职能的集中体现，它强调教研员要运用专业理论和专业知识，采取专业化的工作方式，去引导和带领教师开展研究。[1]第二种观点认为专业引领就是专业研究者的引领——专业引领通常指的是具有教育研究专长的人员利用他们的先进理念、思想方法和先进经验来引导、带领教师探索教育实践。"专业引领指教育理论的专业研究者从教学的实际出发，对教师进行理论方面的指导，以提升教师的理论素养和用理论指导教学的专业实践能力。"[2]"专业引领是学有专攻的专业研究人员参与校本教研，在其中发挥引领作用，使研究不断发展。"[3]"专业引领指由专业人员运用专业知识、采取专业化的方式引导和带领教师围绕课改需求，基于学校实践，采取平等、合作、共建的方式完成校本教研任务的具体行为的一种集中概括。"[4]第三种观点认为专业引领除了教育研究专家的引领，还包括教师自身的引领——专业引领包括显性的专业引领和隐性的专业引领。显性的专业引领人员指教育研究的专家和行家，既包括教育科研人员、教研人员和大学教师等专业研究人员，还包括资深的专家型教师，如特级教师、学科带头人等。隐性的专业引领指没有专家的直接指导，校长和教师直接运用先进的理念、理论指导教育实践。[5]从上述已有研究来看，对于专业引领的内涵，不同的是对引领者范围的界定，但相同的是都强调引领者的理论对于被引领教师的教育实践的作用。所以，从本质上说，专业引领是用理论指导实践、用理论影响教师、进而促进教师实践水平的提升。

对于校本教研中的专业引领而言，首先，专业引领发生在校本教研过程中，通过对校本教研活动的设计，用先进的理论来影响教师的实践。其次，

[1] 张晓明.建立校本教研制度是深化课程改革的现实良策[J].黑龙江教育（综合版），2003（7—8）：26—27.

[2] 孙占林.从默会知识看教师专业化发展的瓶颈[J].教育发展研究，2004（7—8）：35—37.

[3] 吴永军.校本教研：新课程的教学研究制度[J].江苏教育，2003（11A）：12—14.

[4] 敖国儒.以校为本教学研究制度论析[J].教育探索，2003（9）：21—22.

[5] 潘国青.学校教育科研中的专业引领[J].教育发展研究，2004（10）：79—83.

引领者不仅仅包括教育科研人员、教研员等专业研究人员，还包括校内外特级教师、学科带头人等专家型教师。再次，虽然在校本教研中存在"引领者"与"被引领者"，但他们彼此间通过对话交流共享相应的信息并进行研讨，是平等对话的关系，绝不是引领者对被引领者单方面的指导与信息接收或者单方面的"说"与"听"的关系。在这个过程中，引领者给予教师一定的理论支持，而教师结合自己的实践体验与引领者进行交流协商。最后，校本教研中的专业引领本质上是指"理论"对"实践"的引领。正如余文森教授所言，专业引领就其实质而言，是理论对实践的指导，是理论与实践之间的对话，是理论与实践关系的重建。[1] 所以，校本教研中的专业引领要解决的关键问题是，在教研过程中，如何用先进的理论来影响教师的观念，进而促进教师实践的改进与教学水平的提升。

综上所述，校本教研中的专业引领是指，在校本教研过程中，专业研究人员或专家型教师通过与教师之间的平等对话交流，用先进的理论来促进教师观念的变化和实践的改进。

二、专业引领的基本原则

一是平等性原则。在校本教研过程中，引领者与被引领者是完全平等的关系。在以往的实践中，引领者往往被教师视为理论的传播者、问题的解决者、具有丰富经验的"前辈"和优势资源的享有者；而教师自己则自认为是理论的学习者、问题的实践者、经验欠缺的"后辈"和资源的匮乏者。这就导致在校本教研的专业引领过程中，引领者与被引领者形成了"上与下""高与低"的不平等关系。事实上，校本教研强调以校为本，无论是

[1] 余文森.论以校为本的教学研究 [J].教育研究，2003（4）：53—58.

理论根基多么坚实、经验多么丰富的引领者，如果不深入调研了解学校的实际情况、不与教师进行深入沟通交流、不考虑理论适用的实践情境，都不可能切实地发挥理论对实践的引领作用，真正为教师提供有实质价值的建设性意见，也就难以促进教育实践的持续改进。所以，专业的引领者应该努力像教师一样尽快了解和熟悉教育的实践，把握住实践中的问题实质；同时，引领者在这个过程中要真正从教师的角度来思考面临的实际问题，避免"站着说话不腰疼"；而教师也应该摆正自己的角色，既不能盲目跟随，也不能一味排斥，要结合自己的实践努力学习、积极思考。

二是发展性原则。在校本教研中，引领者和被引领者通过交流互动、思考实践，实现共同的发展。一方面，作为被引领者的教师在专业引领过程中实现发展。教师的发展不限于某一个具体问题得到解决或者是得到某种特定问题情境下的应对策略，还包括逐渐形成分析实践问题的思维方式、把握问题解决的研究方法、树立主动追求专业发展的精神、塑造专注研究的团体氛围等，这也为学校打下一个自我完善、可持续发展的基础。另一方面，作为引领者的专业研究人员在这个过程中也要不断地实现自我发展。引领者不是纯粹的"给予者"，他也是一个对实践活动的学习者、在问题解决过程中的思考者。引领者运用自己系统的理论和丰富的经验解决问题，而这个读懂实践、将理论联系实践的过程反过来又会开阔其理论视野，进一步丰富其理论内涵、充实其理论体系，使得他能够在下一个问题上继续发挥引领作用。因此，校本教研中的专业引领具有发展性原则，引领者和被引领者在读懂实践与学习理论中、在基于理论解决实践问题中实现共同的发展。

三是适度性原则。在校本教研中，引领者对教师的引领要适时、适量。被引领的教师若需要长时间接受引领者所传播的大量专业信息，也容易产生厌烦和畏难情绪。有对校本教研的调查显示，40% 的教师认为专业引领比较欠缺，还有的教师认为专业引领干预过多。[1] 因此，校本教研中专业引领的适度性需要引起关注。首先，在校本教研中的专业引领要适时，要在最恰当的时机引领。在教研开始之初，引领者要给予教师相应理论的基础性引领；在教研过程中，当教师同伴无法破解相应难题时，引领者也应及时给予指导和帮助，并积极跟踪教师的后续研究与实践。其次，校本教研中的专业引领要适量。教师是校本教研的绝对主体，因此，引领者切不可大包大揽独自对教研主题进行研究。在这个过程中，引领的频率、内容和时间都要适合被引领教师的需要，既要启发教师的思考，又不能代替教师来研究。所以，校本教研中的专业引领必须坚持适度性原则。

三、专业引领的人员构成

如前所述，引领者主要包括专业研究人员和专家型教师，而专业研究人员包括教育科研人员和教研员。因此，校本教研中专业引领的人员主要包括：

（一）教育科研人员

教育科研人员主要包括大学有关教育学、心理学、课程与教学论和语数英等具体学科的科研人员，以及教育研究机构中的科研工作者等。相对于教师而言，教育科研人员具有更为丰富的理论，也更善于理性思辨。因而，对于特定的教研主题，教育科研人员更关注相关的理论基础、逻辑起点、研究方法、研究内容和研究结论等。教育科研人员通常在特定的研究领域具有更为系统的理论知识和研究素养，能够以科学合理的研究思维分析教师实践中遇到的问题。此外，教育科研人员的专业引领主要解决与特

---

[1] 齐冰.校本教研中专业引领的实施策略研究［D］.辽宁师范大学硕士学位论文，2008：39.

定教研主题相关的研究理论基础、基于理论分析的对策以及对实践探索的理论化提升等问题。教育科研人员的引领，首先可以让教师更加清晰地认识自己的问题、明确自己的理念，甚至澄清自己的思想和观念问题，扫清认识上的盲点和障碍；其次，教育科研人员对教师能够提供教育理论、研究方法和思路、研究结果的提炼等方面的指导，保证校本教研的深度和效度，确保教研的科学性和有效性，同时促进教师对理论的学习，培养教师的研究素养。再次，教育科研人员勇于探索、善于思考、科学严谨的研究态度可以在无形之中影响教师，让教师抛弃"惯性思维"和"惯性行为"，学会反思审视自己的教育观念和教学实践。通过教育科研人员的引领，教师能够更好地将理论内化，以指导自己的教学实践，解决实践中的问题，减少行动的盲目性，提高实践的有效性，进而将自己的具体经验提升到富有理性和逻辑的操作层次。

在校本教研过程中，教育科研人员的引领方式主要包括学术专题报告、科研知识讲座、科研课题论证与评析、专家现场咨询与指导等。其作用主要是对教师进行理论上的指导，使其从整体上全面地把握当前课程改革和评价改革的基本理念和大方向，进一步了解自己在实践中面临的问题、挑战和可能提出的对策，激发教师自身专业发展的内在需求。需要注意的是，教育科研人员在对教师进行引领时，一定要将理论联系实际，要从学校教师和学生的实际情况出发，提供专业和有针对性的指导，而不能空洞地讲理论。远离实践和脱离实际的理论必然是"无效引领"。

（二）教研人员

教研人员主要包括隶属于省、市、县三级教育行政部门的教研员和研训员。教研人员是伴随着 20 世纪 50 年代教研组的发展而出现的，他们一般是来自教学一线、身经百战的资深优秀教师，拥有非常丰富的实践经验。教研人员作为国家教育意志的课程与学校教学实践之间的中介，其作用的发挥更多地体现在由前者的应然状态向后者的实然状态进行有效转换的规范、组织和协调等方面。教研人员的引领主要是解决广大教师的知行统一问题，通过教研人员亲临教学现场，观察和具体指导教师的教学行为，避免教师在实践过程中出现走样、表面化和形式化等问题，使其沿着国家课程改革的正确方向前进。相对于教育科研人员，教研人员更重视对教师进行理论与实践的转化引领，尤其关注将观念中的"知"具体化为实践的"行"，把理念落实到实际的教育教学行为之中，完成理论与实践的对接和转化工作，并在这一过程中检验和反思理论的科学性与合理性，推进教育理论和实践的共同发展。相对于教育科研人员，教研员更像一个"二传手"，在理论与实践、科研人员与教师之间发挥着桥梁和纽带作用。教研员既要及时学习和了解最新的教育理论研究，又要基于自己丰富的阅历和实践经验将最新的教育理念融入教育实践中，所以，教研员本身就需要大胆地在课堂中实践课程理念，亲身体验理念更新带给教学的变化，以提高基层教师的教学水平。但同时，在校本教研过程中，教研员要让教师亲自参与和体验，在与教师共同实践和研讨的基础上，引导教师更好地发现问题、寻找规律、提炼和总结应对策略。

在校本教研中，教研员的引领可采用研修结合的专题培训、课例解析、公开课点评、教学现场指导以及教学专业咨询（座谈）等方式。在这个过程中，教研员深入教师的教学现场，与教师共同备课、进入课堂教学现场观察、开展课后反思评课等互动交流活动，在面对面的对话交流活动过程中给教师提供专业指导建议，这种方式能为教师提供"零距离"专业引领，也是最受教师欢迎的专业引领。这是因为，在教学现场全过程中，教研员以参与者角色进入现实的教学情景，并且把自己拥有的专业理论知识、实践知识与现实的教学情景进行"对接"，经过深入分析后，提出有针对性、指导性的建议和意见。由于这些建议、意见融入了教师熟悉的教学实践情景信息，更接近教师已经具备的知识经验，因而更容易被教师接受并"嵌入"其原有的专业结构体系，从而也能更有效地促进教师专业结构的更新。

（三）专家型教师

专家型教师是指中小学教育实践中涌现的覆盖各学科的国家、省、市、区级优秀教师，包括特级教师、骨干教师和学科带头人等。他们长期工作在教学的第一线，有着非常丰富的教育教学经验，能够具体灵活地处理课程、教材、教法，对学生和学科有自己独到而深刻的理解和体悟，与广大教师有共同语言和切身感受，是教学实践的"老手"和"专家"。他们对教师的现场指导、点拨和研讨，往往能够迅速提高教学的有效性，将理念甚至理论迅速转化为真正的教学实践。相对于教育科研人员和教研员，专家型教师在引领上更偏重于"实践"，通过实践的引领来解决教师在教育实践中遇到的问题。专家型教师通过深入教育教学实践，与广大教师在课程实施等教学活动上相互切磋、共同体验、共同分享，帮助教师发现自身在教学实践中的问题、找到更有效的途径来开展课堂教学，寻找适合教师本人的教学风格及教学机制，从而使课堂教学达到更为理想的效果。在校本教研中，专家型教师的引领可采用共同备课、听课评课、教后反思、现场诊断与指导等方式。

在校本教研中，作为引领者的教育研究人员擅长于对理论的系统把握、对规律的研究、对教与学内涵和本质的深刻把握，但对常态的学校生活了解不够；作为引领者的教研人员能很好地把握理论和实践，但有待及时更新教育观念、加强教育理论修养；作为引领者的专家型教师，有着相当丰富的实践经验和实践智慧，但其经验带有一定的个别性和特殊性；作为被引领的教师，对自己的学生、自己的课堂有着深入细致的了解，但容易局限于自身已有的经验，难以提升到理论高度。所以，引领者与被引领者的合作，恰好能弥补各自的欠缺，有利于双方从自身的角度思考教研主题，提供不同层面的信息，以互惠的方式相互交流研讨，促进双方的专业发展。在校本教研过程中，引领者的专业引领一定要到位而不能越位，他们只能给教师提供必要的帮助，但不能包办代替或者指挥命令。教师永远是校本教研的主体，引领者可以启发、促进教师反思，但绝不能代替或者命令教师。

四、专业引领中的方式

从已有校本教研实践来看，专业引领的方式多种多样。根据引领者的不同，可以大致分为四类：理念指导式、合作探究式、内部生成式和校级互带式。[1]

一是理念指导式。理念指导式引领主要是指在校本教研中，通过学术专题报告、理论学习讲座、现场教学指导、专家咨询等活动方式，围绕特定的教研主题向教师介绍相关理论和观念，丰富教师相关理论知识，指引其树立正确的教育观念。其中，学术专题报告和理论学习讲座是教育理念的直接呈现和介绍，而现场教学指导和专家咨询等则是理论指导实践的运用。在已有调查研究中，有39.83%的教师认为急需加强理论学习、拓宽知识背景，否则校本教研将会低水平重复。[2] 所以，理念指导是校本教研中专业引领的一个重要方式。在理念指导过程中，应该尤其关注以下三个方面：第一，理念引导的具体内容一定要围绕教研主题、基于教师的实践情况展开，要具有对实践的解释力，不能脱离实践谈理论，尤其不能脱离本校教师的教学实践，否则就会出现"专家的理论"与"教师的实践"完全脱节的情况，理念指导也就失去了本身的价值。第二，在校本教研过

---

[1] 吕敏霞.校本教研中的专业引领策略探析[J].现代教育论丛，2007（12）：68—70.

[2] 龚国胜.中小学校本教研活动开展的现状与思考[J].上海教育科研，2006（4）：59—60.

程中，有必要构建相应机制进一步督促教师落实学习理念的效果，否则教师可能会因为繁杂的教学工作而只是对理念指导产生"现场"兴趣，一时的触动对实践的促进作用并不大。第三，对引领者的理念指导，教师除了在校本教研过程中以讲座、报告、咨询等方式了解和学习外，还应该积极通过阅读专业书籍、查询网络文献等方式，进一步丰富对相关理论的了解，结合自己的实践对其进行深入思考，使之成为对专家理念指导的有益补充。

二是合作探究式。即在校本教研过程中，教师与引领者双方合作、基于教研主题一起探究实践问题的解决策略。在理念指导之后，教师已经了解和把握了与教研主题相关的教育理论和观念，那么随之而来的问题是，如何将理论与实践相结合，找到问题解决的方法与策略。所以，一方面，引领者要积极地将理论运用于实践中，以此检验并丰富自己的理论，寻找理论的增长点；另一方面，教师要学会如何用理论来指导实践，在问题解决过程中提升自己的理论素养。虽然校本教研中的合作无处不在，但这种方式强调的是引领者与教师的合作交流，双方围绕特定主题、专题、课例和案例等，革新教育理念，更新研究方法，解决具体问题，提升教师的教研能力。所以在这个合作过程中，双方要积极发挥自己的优势，引领者要多关注问题来源于怎样的实践情境、是否已有相关研究结论、相应理论是否能直接运用以及如何运用等；教师要多关注理论和本校的实际情况有哪些结合点、是否有利于解决实践中的问题、是否能够实现自我的专业发展、如何将理论转化为具体的实践策略等。

三是内部生成式。相较于前两种方式，内部生成式更强调"校内专家"，诸如校内特级教师、骨干教师、教研组长、课题组长等，以集体听评课、主题或专题研讨、经验交流等方式进行教研，以解决实践中的具体问题，促进教师教研能力的提升，同时实现校内专业引领。比如，有学校实施"校长教研工程"，由校长亲自参与或主持校本教研的项目，以此带动教师参与研究的热情。这种方式因为主要参与者都是校内教师，尤其要关注专业引领的质量和效果，既要避免出现同水平、低层次、形式化的活动，又要摆脱等级式的、权威式的、任务分配式的教研风格。引领者尤其要敢于"讲真话"，善于"讲实话"，既要谈优点，又要讲有待改进之处，切忌在"一片赞扬声"中失去引领的有效性。当前，随着课程整合趋势的推进，跨学科教研活动增加，不同学科教研组共同开展教研、跨学科的观摩示范课，这些实际上更需要通过内部生成的方式、积极发挥校内专家对教师的引领作用。

四是校际互带式。校本教研虽然"以校为本"，但参与者并不是绝对的限制于本校教师之间。为了更好地进行教研资源整合，校级互带式强调不同学校之间结成团队，发挥资源差异优势，在校外名师、名校长等的带领下，以校际之间的优秀教研组和薄弱教研组、骨干教师和普通教师结对互助及名师支教等方式进行课例、案例等研究，开展专题汇报、示范观摩等活动，发挥中心示范校的引领和辐射作用。[1] 比如，上海长宁区的十二所同质态初中合作开展校际研修；河南巩义的城乡学校联合教研，校际教研使"孤岛学校"变成了"联合舰队"。但是，在这种校本教研过程中要注意以下两点：其一，校级互带主要针对规模过小、资源有限的学校，或者是亟须引领的薄弱学校，"资源差异"是采用校级互带模式的基本前提；其二，校级互带过程中，教师要避免简单的"照搬"或者盲目的"模仿"，一定要基于本校的实际情况、基于本人的实践需求，吸取有益的理念和先进的经验。

---

[1] 吕敏霞.校本教研中的专业引领策略探析[J].现代教育论丛，2007（12）：68—70.

第四章

研之有长
——教研组长的能力提升

　　教研组长是学校推进校本教研和课程改革的组织者
与带头人，是教研组的灵魂与核心，直接影响着校本教
研活动的质量。一个好的教研组长既能带出一个优秀的
教研组，又是校本教研活动顺利开展的重要先决条件。
教研组长既是教育教学的引领者，又是教研的推动者，
还是教研活动的组织者。为此，教研组长需要具备教学、
教研和管理能力。要提升教研组长的能力，不仅需要组
长自身的积极学习，还需要区域加强培训、完善相应制
度，促进教研组长的持续发展。

第一节　教研组长的角色定位

教研组长是教研组平等中的首席，是第一责任人、学术带头人。教研组长的观念和能力直接决定校本教研的活动方式与活动效果。那么，教研组长在校本教研中究竟应该发挥怎样的作用、担负什么样的角色呢？

"角色是指一个人在社会群体中所展现的身份，每一种社会角色都代表着一套行为及行为期望，对角色的认识在很大程度上决定着个体在社会活动中发挥的作用。"[1]教研组长的角色定位实质回答的正是教研组长应该发挥怎样的作用。

一、教研组长的角色错位

教研组长上连学校领导、下接广大基层教师，既肩负着校本教研与促进教师专业发展的职责，又担负着行政管理的任务，在学校发展中具有十分特殊的位置，发挥着至关重要的作用。但在具体学校实践过程中，可以发现教研组长的工作仍然面临诸多问题，这与组长对自我角色定位不准密切相关。具体表现为：

[1]　李叶峰.教研组长课程领导研究的缺位 [J].教育理论与实践，2010（5）：10—11.

1. 教研组长 = 信息传达者

有些教研组长因为对自己的角色和教研组的功能与地位认识不清，将自己仅仅定位为连接学校领导与一线教师的中间枢纽，基本任务就是做到"上传下达"——向上汇报教师的教研情况、备课情况，向下传达学校有关文件精神，布置行政任务、教学要求和进度、学科测试的命题范围等行政性工作。

这类教研组长的角色是一个行政管理者，与教学研究不太相关。他们一般会认为，教研组是学校的一个基层行政组织，主要职能是完成学校上级领导布置的工作、反馈教师的任务完成情况，以确保学校各方面工作得以顺利进行。这类教研组长领导下的教研组往往呈现放任自流的状态，组织上比较松散，完全为了完成行政任务而存在。倘若上级领导不安排工作，教研组就"名存实亡"；一旦上级领导安排工作，教研组就"临阵磨枪"。同组教师之间的沟通交流多限于统一教学进度、制定学科教学计划等基础性事务性工作，因此，这类组长领导下的校本教研活动缺乏对教育教学真实的、实际性的研究，教研活动在一定程度上只是为了应付上级领导的行政规定、甚至只是为了"凑齐相应教研材料"，教师在这样的校本教研活动中难以有所收获，其发展完全靠个人自觉学习。

2. 教研组长 = 教研包办者

有些教研组长凭借个人具有的较高权威，一人包揽所有的教研活动，影响了其他教师的成长与发展。这类教研组长在校本教研活动中处于绝对的主导地位，无论是制定教研工作计划、安排教研活动，还是听课评课、工作总结，往往只要求本组教师提供需要的文字材料，一人独揽、包办所有校本教研工作，很少听取其他教师建议，也不与其他教师沟通交流。这样的校本教研活动完全变成了组长"单打独斗"的活动，缺乏团队的合作力量。

这类组长一般拥有绝对的话语权，行使"第一责任人"的职责，同组教师之间的合作被人为剥离，校本教研活动成为组长一人唱独角戏的舞台。在这种情况下，教师认为校本教研是教研组长和学校的事，从而产生惰性，往往处于"身在曹营心在汉"的状态，没有真正参与到活动的研讨与思考之中。即使有参与者，其数量也非常少。更有甚者，对教研组长和校本教研活动产生抵触排斥情绪，不认可校本教研活动的价值，认为这只是给组长提供"表演平台"，教研对自己来说是教学任务之外额外增添的"负担"。相应的，校本教研活动虽然可能有制度规定和相应计划，但往往只有组长一人参与了活动的全过程，其他教师在组长的"绝对主导"之下缺乏话语权，因而对教研活动不甚关心。这类校本教研活动因为剥夺了教师之间平等交流和合作互助的机会，并不能给予教师真正的促进作用。

3. 教研组长 = 事务管理者

有些教研组长将自己定位为事务管理者，只关注教研组应该完成的管理之"事"、教研之"事"，而忽视教研组中"人"的生命成长和发展。这里的"事务"，既包括学校领导布置的行政性事务，如制定教学计划、组织教学观摩活动、检查教案、协助教务处考核教学质量等，也包括组织学科教研活动，比如公开课的准备、听评课活动等，但这类教研活动基本上也是由于学校领导要求才得以开展，所以可以被统一归为"行政性事务"。而这类教研组长所行使的管理职能，也不过就是管理教研团队教师群体内部人际关系、任务的合理安排以及教研活动成果的"显性呈现"等。

这类教研组长通常认为，校本教研的一项主要工作就是组织、管理上级领导下达的教研事务和其他工作安排，完成工作任务并保证教研活动的顺利开展。在校本教研过程中，教研团队彼此之间会"合力"完成学校领导所交付的各类事务，但这种"完成"只是迫于行政上的压力，被动地适应各种事务安排，同组教师之间的合作大多停留在相互配合以完成相应的行政性任务上，教研组成员之间的关系呈现一种"假合作真竞争"的状态。这样的校本教研活动虽然可能有固定的教研制度和教研计划，但往往只是学校各项管理活动、行政性事务在教研组层面的演绎，教研内容较为空泛或随意，学期与学年之间的工作没有连续性，有的凭感觉、凭经验推进，有的围绕上级教研部门转，缺少主动而深入的思考、自主而全面的策划，教师多是观摩而非参与，许多教研活动是为"成果"而研，而所谓的教研"成果"又是为了评职称、获奖励或树名望等功利化的追求，同时教研活动局限于听课、说课、评课、观摩，局限于少数"精英"作秀、多数人捧场的活动形式上，尤其是听评课方面，大家碍于情面，一般都是多褒扬少批评，"你好我好大家好"。相应的，这类校本教研活动往往不是选择本校教师面临的真实问题，而是追随时髦的教育热点问题，"什么热研究什么"，教研主题呈现出假、大、空现象，脱离教师的日常教学实践需求，再加上教研活动多是为完成行政任务，走形式、走过场，所以教师在这过程中并没有看到校本教研的真正价值，进而失去了参与的积极性和主动性。教研组长看似为教师发展搭建了相应平台，但这个平台只是一个作秀的舞台、而非教师真正需要的舞台，所以教师的专业发展也无从谈起，教师的收获也相对有限。

二、教研组长的角色内涵

实际上，教研组长的角色并非是一直固定不变的。在教研组成立之初，教育部 1957 年颁布的《中学教研组工作条例（草案）》规定，教研组是各科教师的教学研究组织，教研组设组长 1 人，负责组织、领导教研组的工作，由校长聘请有教学经验并有一定威信的教师担任。这一时期，教研组长仅仅是学校教学研究领域的学术引领者。但 20 世纪 80 年代以来，教研组不再只是教师从事研究的组织，也会承担一部分教学管理任务。因此，这一时期教研组长开始具有一些行政职能。在 20 世纪 90 年代后期，随着义务教育的逐渐普及、学校数量和规模的发展，教研组长在管理方面的职能日益增加。总体而言，教研组长作为校本教研的核心，是日常教学、学科研究和管理工作的组织者和领导者，推动校本教研发挥破解教育实践问题、促进教师专业发展、改进课堂教学等作用。所以，校本教研中，教研组长的角色具体包括以下三个方面：

（一）教学的引领者

作为教学的引领者，教研组长首先应该是一名优秀的教师，如果自身教学表现平平、效果一般，是很难有资格去给同伴教师进行示范的。首先，教研组长要具有开放而合理的教育理念。随着课程改革的深化与考试评价改革的推进，各种教育理念兴起，时髦的教育名词也陆续出现。教研组长一方面要紧跟时代步伐，了解、把握最新的教育理念，及时引导教师学习讨论；但另一方面，要遵循教育的本质规律，对各种"流行"理念有一定的分辨能力，不至于"乱花渐欲迷人眼"，盲目跟风。其次，教研组长要在及时学习先进的教育教学理论的同时，敢于探索校本化的、有效的教学策略。在正确的教育理念指导下，教研组长要通过对理论的学习来不断改进教学实践，探索更适合本校的、校本化的教学理论。再次，教研组长要具有丰富的实践智慧，能够示范高效的课堂教学行为，采用恰当的方式激发学生对课堂的参与热情，引导学生在课堂上进行深度学习。总体而言，教研组长的课堂教学应该做到教育理念先进、内容设计科学、活动安排合理、教学表述清晰、资源运用有效、教学效果良好，使学生能够真正获得发展。

作为教学的引领者，教研组长不仅要努力使自己成为一名优秀的教师，还要带领同伴教师一起对课程改革进行持续的探索与实践，锐意进行教学改革，追求高效的课堂教学。作为教学的引领者，教研组长要带领同伴教师一起从整体上构思、设计一段时间内教学活动的组织和教学进度的安排，组织教师研讨典型的学科教学问题、寻求有效的解决策略，探讨课程改革中关于新理念新思想"校本化"的问题。在这个过程中，教研组长对新教师的成长发挥着尤其重要的作用。正如有教师所认为的，如果教研组长对青年教师进行两三个星期的行动跟进，其取得的效果将远远超过他们自己一学期的摸索。

（二）教研的推动者

教研组长是校本教研的推动者，这意味着教研组长不仅要自己会研究，还要带领教师来进行校本教研。

首先，教研组长自己会做研究。这就需要教研组长善于发现问题并且知道如何通过研究来找到问题解决的策略与方法。其一，在日常教学实践中，教研组长应该对教研主题有一定的敏感度，及时发现教学过程中存在的典型性问题，将其提炼成一定的研究主题。事实上，大部分教师在实践过程中都会遇到种种问题，但很多教师要么不置可否、毫不在意，要么仅凭自己的经验或者他人的建议解决，疲于应付。但是，作为教研组长，一般在"感知"困难时就能敏锐地发现问题的价值，进而系统分析、提炼相应主题，便于进一步的深入研究；有的组长甚至具有准确的"预判"能力，在一种新的教学活动实施前就可以提前感知教学过程中可能出现的困难，进而针对这些问题开展一些研究，做好有关准备。其次，教研组长具有一定的研究能力，能够针对问题开展研究。一旦确定好问题，教研组长要能明确如何开展研究，包括厘清研究思路、制定研究计划、选择研究方法、遴选研究人员、安排研究过程、实施研究工作、总结研究结构，甚至也涉及研究被试选择、数据收集方法、数据呈现方式等，教研组长应该熟悉和了解这些环节，并能够基于教研主题作出正确的选择。其三，教研组长要善于表达研究成果。校本教研对一个主题的研究结束之后，应该对相应教研成果有一定的呈现与表达。一般来说，主要包括研究论文、研究报告和项目总结三种方式。但无论哪种形式，其实都有一个写作的规范与要求，即如何将自己所做的研究成果向同行介绍、向他人展示。教研组长应该非常熟悉这些规范要求，并且有很强的文字表达能力。

其次，教研组长能推动同伴教师进行校本教研。教研组长应是教学研究的带路者，要带领同事一起做研究、教会同事独立做研究，如确定研究问题、查阅文献资料、选用研究方法、设计研究流程、分析数据资料、表达研究结果、撰写研究论文等。在这个过程中，教研组长要善于发现教师在教学过程中出现的普遍的、一般性的问题，将其提炼成校本教研的主题；教研组长要坚持引领教师学习先进的教育教学理论、掌握科学的研究方法和规范的研究流程等；教研组长还要及时地、善意地给予教师提示和帮助，促进教师不断反思自己的教学行为，逐步养成反思习惯。

（三）活动的组织者

校本教研是基于本校的实践需要，通过定期或不定期地开展各种教研活动得以实现的。这些教研活动的设计、发起与组织主要由教研组长承担，所以，教研组长是校本教研活动的组织者。具体表现在以下三个方面：

首先，教研组长要选择恰当的教研主题和教研活动方式。教研组长应该基于教师在教学实践中遇到的普遍性问题，分析提炼相应的教研主题。基于教师的自我反思、同伴互助和专业引领，教研组长要精心策划每一次教研活动，力求安排科学、合理，同时协调好教研团队内的人际关系，以便于教师广泛地、深入地参与教研活动。教研组长尤其要注意的是，校本教研活动既不是组长一个人的"独秀"，也不是大家简单的"聊天"，而是基于特定教研主题、所有教师参与研讨的活动。从根本上说，校本教研活动开展的效果、质量如何，与教研组长能否选择恰当的主题、安排合适的活动形式密切相关。

其次，教研组长要营造良好的活动氛围。同一种树苗，种在不同的地域会出现不同的结果：在环境良好的肥沃土壤，树苗能够苗壮成长；在环境恶劣的盐碱地，树苗只能艰难求生。同样，良好的教研文化氛围直接影响着校本教研活动的质量与效果，而教研组长在营造良好的活动氛围中发挥着重要的作用。倘若教研组长比较"专断"，那么校本教研的氛围必定是低靡的，教师只能被动地听组长说，缺乏真正的思考和互动；倘若教研组长比较"无为"，校本教研的氛围或许看起来很平和，教师们在"聊天"过程中打发了教研的时间，但实际上并没有开展真正的教研。教研组长只有在精心设计校本教研活动的基础上，营造民主平等、团结和谐的氛围，才能激发教师的研究兴趣，体现研究的价值。为此，教研组长必须用良好的研究氛围影响人、感染人，强化教师校本教研的意识，增强校本教研活动的有效性。

再次，教研组长要积极参与校本教研活动。教研组长不是一个置身事外的组织者，甚至不是一个简单的活动主持人，而是真正的活动参与者。在这个过程中，教研组长要积极地参与到教研活动中，率先在教研组内对自己的教学实践、教学效果、教学中存在的问题作深入分析和自我反思，与同伴教师共同探讨教学实践中存在的共性问题及其解决问题的相关策略。同时，教研组长也要积极向专业研究者学习，不断促进自身的专业成长，促进教研组全体教师提高教学水平和教研能力。

第二节 教研组长的能力要素

教研组长作为教学的引领者、教研的推动者和活动的组织者，必须具备一定的教学能力、教研能力和管理能力。

一、教研组长的教学能力

教研组长要成为教学的引领者，必须具有很强的教学能力。教学能力是教师达到教学目标、取得教学成效的潜在动力。教学能力由许多具体的因素组成，反映出个体顺利完成教学任务的直接有效的心理特征。[1]在已有研究中，教师教学能力构成因素是研究的重点，众多学者对此作了较为全面而深入的研究。具体而言，教研组长的教学能力主要包括以下三个方面：

（一）教学认知能力

教学认知能力是教师对课堂教学目标、内容、方法和学习者的分析判断能力。

一是教学目标的制订能力。每位教师在上课之前都要明确教学目标。

---

[1] 唐玉光.教师专业发展的研究［J］.外国教育资料，1999（6）：39—43.

教学目标有不同层次，既有总的教育教学目标，又有特定学科教学目标；在特定学科教学目标下，又具体分为不同年级、不同单元、不同课时的教学目标。一名优秀的教师，必然是在把握课程标准的基本要求前提下，基于所教学生的特点以及所教的内容，制订出具体的课程教学目标及各单元、各课时的教学目标。教师能否把握和制订合理的教学目标，将影响其对课堂教学内容、教学方法的选择，教学目标制订的过高或者过低、过多或者过少，都将影响整个教学进程的快慢及学生在课堂中学习效果的好坏。

二是教学内容的选择与组织能力。教学内容不等于教材，教师在课堂教学之前，要根据国家课程标准以及所确定的教学目标，结合学生的发展特点，选择恰当的教学内容。在这个过程中，教师可能需要对教材及相应的学习资料进行分析、整理、加工、归纳和总结，形成适合本人、本班学生的教学内容。教学内容本身要具有一定的逻辑结构和丰富的例证，要既符合本学科的知识体系，又符合学生的认知规律，要能帮助学生理解和迁移。同时，为了更好地培养学生的实践能力、迁移能力和问题解决能力，教师还要对课堂中的教学活动及课后作业内容进行相应设计。总之，教师不能"照本宣科"，而是要基于课标和教材要求，基于学生特点、具体情境，选择恰当的教学内容，并对其进行合理的组织，使教学内容形成一个完整的、具有内在关联的整体。

三是教学方法的设计能力。教学方法有很多种，常用的有讲授、提问、演示、讨论、实验、练习等，还有组合的教学方法，比如问题发现法、情境教学法、合作学习法、交互式教学法等。在众多教学方法中，如何基于学生实际情况选择恰当的教学方法至关重要。这就需要教师通过不断的学习掌握各种教学方法的理论知识及其思想背景；根据学生特点和课堂情境，以及教师自身特点，恰当地选择教学方法；根据所选择的方法，设计相应的教学活动；根据课堂教学的需要，灵活变通、有创造性的使用教学方法。

教师在对教学方法进行选择和设计时，一定要关注学生的学习活动。

四是对学生的分析能力。课堂教学的根本出发点是学生，教研组长成为教学引领者的一个必备能力就是要会了解学生、分析学生，能够读懂学生。一方面，要能把握住所教学生的整体发展特点，即在课堂中所面对的学生的认知规律和认知特点，这样在做教学准备时能够更好地预测哪些内容可能会成为学生学习的难点，哪些环节在处理时可以"加速度"；另一方面，还要熟悉学生的个体差异，了解每个学生的个性特点，在课堂上做到尊重学生个性，有的放矢，在促进学生整体发展的情况下最大限度地促进学生的个性成长。

（二）教学实施能力

教研组长作为教学引领者，必然具有很强的教学实施能力。教学实施能力是指能为实现教学目标设计教学方案，并能根据课堂实际情境灵活有效地组织教学的能力。

一是语言表达与沟通能力。教师的语言表达和交流功能在课堂教学中具有十分重要的意义。对优秀的教师而言，课堂中的语言表达内容应做到简洁、准确、清楚、生动，同时在音量、语速、语调和节奏上要适应学生的需求，语言要清晰、有感染力和表现力，能够引起学生的兴趣。同时，可以辅以相应的表情或者手势等身体语言来加强语言表达的效果。此外，教师在课堂中既要有一定的权威，足以让学生信服；又要尽可能地走近学生，成为学生的朋友和顾问。所以，教师要善于与学生沟通交流，努力营造平等、民主、轻松的课堂氛围，加强课堂上师生之间、学生之间的思想与情感交流。

二是内容呈现与信息技术使用能力。教学内容总是通过一定载体得以呈现，这其中教师的板书发挥着重要作用。板书可以形象地呈现教学内容的主要结构、重点难点，发挥着提纲挈领的提示概括作用，既可以促进学生形成相应的知识结构，又可以促进学生对重点内容的把握与学习。板书应该字迹规范、详略得当、内容适量、重点突出。此外，随着信息技术的广泛应用，教师要学会熟练使用这些技术，包括 ppt 制作、投影、幻灯、录像等，在"会用"的基础上，还要充分考虑如何更好地"使用"它们。

三是教学的组织与管理能力。首先要有教学组织能力。在课堂教学中，优秀的教师要充分发挥其主导作用，对学生的学习活动进行有效的组织和协调，使学生能按一定要求真正参与到课堂教学中去。教师组织教学，可以根据课堂实际情况采用不同的方法和策略，比如采用不同的教学策略、不同的教学模式或者不同的课堂组织形式进行教学。在这个过程中，教师要协调好内容、情境、学生与自己之间的关系，兼顾好教学活动的各个因素。

其次要有教学管理能力。一名优秀的教师不仅要善教，还要善管。保证课堂教学的有序进行，是教师必不可少的教学能力。教学管理能力是指教师对影响课堂秩序的学生方面因素的管理能力。教师既要采用多种方式引起学生的关注，还要运用相应策略对学生不良注意状态进行管理。比如，提问要求学生回答，提出具体学习任务，突然停顿或变化语调，眼神交流等。在此过程中，教师要学会表扬与鼓励，对学生参与教学活动的各种表现进行恰当的、灵活的表扬，增强学生的自信心，提高他们的学习积极性和主动性，从而促使他们自觉维护课堂秩序。

最后要有教学应变能力。课堂教学中往往有很多突发的、不确定的因素，比如学生的提问和发言可能和教师预设的不一样，这就需要教师在课堂教学中能够随时根据新的情境及时作出反馈，调整教学行为，合理解决新出现的问题，这要求教师具有较强的应变能力。

（三）教学监控能力

教学的自我监控能力是指教师在教学过程中运用元认知等策略，对自己的教学进行自我判断、自我评价、自我指导和自我控制的能力。主要包括以下四个方面：

一是对教学内容和教学速度的自我监控。教学内容的难易程度、速度快慢是否合适，不仅影响教学计划的实施进度，也直接影响学生学习的效果。内容太难，速度太快，学生理解吃力，容易疲劳和放弃；内容太易，速度太慢，学生就会失去学习兴趣，注意力分散。因此，教师要经常监控自己教学内容的难易和教学速度的快慢，并根据需要调整教学内容和速度，以保证教学的适宜性。

二是对情绪、情感的自我监控。一方面，教师在课堂教学中要善于调动、调整和控制自己的情绪情感，使自己的情绪情感处于最佳的状态，能以自己的饱满情绪来激发学生对课堂教学的参与和投入，让自己的教学"声情并茂"，使自己的课堂具有感染力和说服力。另一方面，教师要学会控制自己的情绪，尤其是当课堂出现矛盾和冲突时，教师一定要把握分寸，理智应对出现的问题和矛盾。

三是对教姿、教态的自我监控。课堂教学中，教师的教姿、教态会影响学生对教师的评价，进而影响学生的课堂学习效果。因此，教师要对自己的教姿、教态有准确的自我知觉和自我控制能力，既要亲切自然，又要庄重典雅。要避免出现不得体的动作及表情，以免降低教师的人格魅力，引起学生不必要的分心。

四是对教学效果的自我监控。教师可以根据学生的听课状态来判断自己的教学效果，比如有些问题提出来之后，为什么学生回答不上来，是什么原因导致学生不会回答。教师要根据学生的反映及时做出调整。与此同时，教师也可以根据自己对教学过程的自我反省和自我评价对教学效果作出判断，并根据这种判断来调整自己的教学，以保证达到最佳的教学效果。

二、教研组长的教研能力

教研组长作为教研的推动者，本身要具有一定的教育研究能力。除此之外，相对于一般教师而言，组长还要在教研中发挥领导和推动作用。

（一）研究规划能力

规划一般是指比较全面的长远的发展计划，是对未来可以预见的整体性、长期性、基本性问题的思考。研究规划是教研组长对未来一段时间内校本教研的战略性部署，通过规划来制定校本教研的愿景和总目标，并确定实现目标的各个阶段和步骤。研究规划具有方向性、战略性、概括性和鼓励性，对具体校本教研的开展发挥着重要的引导性作用。教研组长的研究规划能力包括三个方面：一是对现状的把握能力。教研组长要在对学校实践和教育发展趋势的全面分析上，明确当前学校教育实践中存在的最大问题，进而确定校本教研的重点。这需要组长能充分认识学校整体发展的特点，把握教育规律，明确规划主体，正确处理人与物的关系，明确出发点与落脚点。既看到本校教研中的长处，又明了其问题所在，才能制定出具有实践意义和可操作性的研究规划。二是对校本教研的未来发展预测能力。教研组长只有做到对校本教研未来发展状况心中有数，才能预测在现有条件下，如何结合各方力量调动教师的积极性，通过科学决策和合理的发展步骤来实现未来的教研目标。三是对研究规划的设计能力。明确研究的目标和方向，还要有将目标具体落实的计划，即分解总目标、确定阶段性工作目标、明确具体工作的操作步骤等。这就需要教研组长能够对规划进行设计。在设计过程中，一个重要的因素是必须考虑客观条件，包括学校可用以支持校本教研的资源，学校教师的结构、整体水平以及时间的安排等各方面。只有对规划进行合理的设计，才能确保研究规划具有可行性。当然，在制定规划时，教研组长确定了校本教研的目标和具体工作内容之后，还应根据本校的实际情况，提出相应的规划实施保障。

（二）研究实施能力

一是明确研究主题的能力。目前教育科学研究发展的一个重要趋势就是研究向现实问题转移。这表明了教学实践应是校本教研开展教育研究的主战场，校本教研始于教师们对教育问题的明确。一方面，教师在实践中总会遭遇各种问题，教师位于教学实践的第一线，是种种教育问题的第一目击者，而教育问题往往潜藏在教育活动当中，如何在大量的教育问题中准确地捕捉有研究价值的问题，是开展教育研究的第一步。另一方面，教研组长需要在教师可能面临的各种问题中选择具有典型性和普遍意义的问题，将其提炼为教研主题。在这个过程中，需要教研组长对教育改革的动向、教育发展的趋势有较清楚的把握，即要具有一定的预见能力，对反映时代要求的教育主题要保持高度的敏感性，能及时觉察并引导教师对其进行关注。

二是分析问题的能力。分析问题的能力是指在确定教研主题之后，教研组长能够带领教师以理论为指导，结合自己的教学实践，围绕教研主题展开深度的思考和分析。在教育实践中，一个问题的出现必然有其内在的因果关系。教师们直观感受到的往往只是教育问题最外显的现象，教育研究所要关注的却是教育问题产生的深层次原因。教师们往往因为缺乏严谨、正确的教育理论依据而对教育实践中出现的现象和问题"百思而不得其解"。现阶段教育学的蓬勃发展带来了丰富深刻的教育理论，这为科学分析教育问题的"因"提供了可能性，教师经验主义的教学实践与问题解决方式完全可以让位于科学教育理论指导下的合理实践，对教育问题的分析也应借助于教育理论来厘清其脉络、认准其核心。教学的实践性也为更准确地定位教育理论问题提供了依据。所以，教研组长不仅要自己持续学习先进的教育理论，还要带领教师一起结合教育实践来学习、思考。因为当前的教育理念和理论很多，如何选择恰当的理论来指导实践至关重要，这就需要教研组长有一双慧眼、一个善于反思的头脑，有及时把握正确研究思路的能力，能在各种"流行"观念中选择合适的理论，运用选择、比较、批判和综合等多种方式来将理论与实践结合起来，挖掘现象背后的本质、寻找问题产生的原因。在参与校本教研的其他教师出现教研中的困惑时，组长要及时介入，给予正确的引导，帮助其把握正确的研究方向和分析思路。

三是解决问题的能力。校本教研是否有效，很大一部分程度取决于教研主题是否形成了合理的、具有可操作性的策略方法。很多教师往往凭感觉发现问题，依经验分析问题，靠感性提出解决问题的简单策略，其结果往往是问题并没有得到真正解决，或者只是在特定情境之下有所解决。因此，通过校本教研真正提出解决问题的策略至关重要。这就需要教研组长带领教师，在分析问题产生原因的基础上，依据相应的理论提出问题解决的思路，并结合教育实践确定最终的可操作性策略。在这个过程中，教研组长作为学科组的核心人物和精神领袖，要始终自信、执着和坚定，既要基于科学的理论提出相应的策略，避免只从经验出发寻找一时的解决办法；又要结合实践的需要对理论结论进行修正和调整，使之更具有针对性和实用性。

（三）研究引领能力

教研组长对教师参与校本教研的推动，不仅体现在研究的规划和实施方面，还体现在研究的引领上。这种引领能力具体包括三个方面：一是教研组长在校本教研中发挥骨干带头作用。教研组长本身应该是参与教研的教师群体中表现突出的人，不仅要有丰富的教学经验，还要有一定的科研素养，教研组长对校本教研的态度会直接影响其他教师，教研组长的教研水平在一定程度上决定了一个教师团队的教研高度，而教研组长积极参与校本教研本身就是对其他教师的一种榜样和鼓励。二是教研组长在校本教研中发挥指导作用。在校本教研过程中，教师们往往会遇到各种问题或提出各种不同的观点，当教师群体中对同一问题出现不同看法时，甚至当专业研究者的理论无法与实践相"匹配"时，教研组长的选择与决定至关重要，直接决定了教研的正确性和有效性。教研组长这种指导作用的发挥，与其自身的研究素养密切相关。三是教研组长在校本教研中发挥保障作用。教研组长在一定程度上是参与校本教研教师群体的"主心骨"，要为校本教研的顺利推进"保驾护航"。一方面，教研组长要确保校本教研活动的如期举行和顺利推进，尤其是当教研组在遇到无法解决的研究"难题"时，教研组长要广泛利用资源，积极联络校内外的专家，为本组教师答疑解惑、给予相应指导。另一方面，教研组长应具有精神领袖的风采，要把积极的力量带给其他教师，尽力消灭其他教师可能会产生的消极情绪。只有这样，教研组长才能把自身的价值和校本教研的价值发挥到最大限度。

三、教研组长的管理能力

教研组长是校本教研活动的组织者，这决定了他不仅是一个好教师、好的教育教学研究者，更是一个优秀的组织者和管理者。教研组长的组织管理能力具体表现在以下四个方面：

（一）决策能力

决策是指根据专业标准对两个或两个以上可选事物进行分析和比较，并做出判断和选择的过程。对于教研组长来说，在组织开展教研活动时，必须对活动的方向、目标、内容、原则和方法进行选择，这便是一个决策过程。比如，制定校本教研活动的目标与主题、确定每次教研活动的内容和主要负责人、明晰具体的专题研讨会、开展听评课、聘请专家讲座等系列活动的安排，都需要教研组长做出决策。决策是教研组长在组织教研活动时必须具备的一项基本职能。

具体来说，教研组长要有一定的分析能力，能够对学校开展校本教研的现状做出全面、深刻和系统的分析；要有预测能力，对校本教研的发展方向、目标和发展趋势有一个准确的预判；要有相应的决断能力，面对各种不同的意见和建议时，能站在学校发展和学科发展的高度，权衡轻重、分析利弊，做出最好的选择，这个时候尤其需要教研组长具有当机立断、甚至力排众议的魄力，不能瞻前顾后、犹豫不决，甚至"和稀泥"，否则会影响决策的科学性和合理性；还要有一定的创新能力，任何一所学校的校本教研活动，都没有范本可以模仿，这需要教研组长具有一定的创新能力，能结合本组教研需要和教师现状做出适合本校实际情况的相关决策。

（二）沟通能力

本质上说，沟通是人们思想、观点、情感、态度等相互传递、交流与分享的过程。教研组长在组织教研活动时，离不开与各方人员的频繁沟通，好的沟通能力是一个优秀教研组长的必备素质。

从对象上来说，教研组长通常要与多个不同群体进行沟通：一是与教研组内教师的沟通。一个教研组通常包含了各年龄段的教师，这些教师教学水平不同，性格和能力特点也各有差异，教研组长要注意把握沟通技巧，确保与组内教师无障碍沟通。只有这样，才能促进组内教师通力合作，保障校本教研有序有效地推进。二是与学校管理部门的沟通。校本教研的推进，离不开学校相应职能部门的支持，包括教研时间、教研地点和相应人员的协调，这些都需要组长与学校相应管理部门做好沟通。三是与区域内教研员、其他研究者的沟通。校本教研离不开专业引领，区域教研员和教育研究者在其中发挥着重要作用，所以教研组长要及时与区域教研员和教育研究者进行沟通，了解相关信息，以更好地把握相应趋势。四是与其他教研组长的沟通。一所学校往往会有多个教研组长，彼此之间进行信息交流，有助于取长补短、互相借鉴，更好地促进本组校本教研活动的推进。

从内容上来看，教研组长的沟通包括信息沟通、情感沟通和思想沟通，既要与不同群体相互传递各种工作信息，又要进行情感交流、加强感情联络，还要关注思想观念的碰撞。通过信息、情感和思想的沟通，教研组长既可以协调与各方之间的关系，充分了解教研组教师的内在需求、士气高低、凝聚力大小，还可以在本组教研团队内建立良好的人际关系和组织氛围，这将为校本教研活动的有效推进提供积极的支持。在这个过程中，教研组长可能会遇到人为沟通障碍或者物理沟通障碍，这就需要教研组长在充分理解和尊重各方人员的前提下，进行及时有效、灵活变通的沟通，尽快破除障碍，确保信息、情感和思想的交流通畅。

（三）组织能力

教研组长作为校本教研活动的组织者，必须具有一定的组织能力。教研组长组织能力的强弱，直接影响着校本教研活动的有效性。一般说来，组织能力具体表现在四个方面：一是善于运用组织的力量，整体协调人力、物力、财力。二是能够用目标来吸引群众，得到人们的信赖，从而使人们紧密地团结起来，为完成目标而奋斗。三是善于合理使用人才和人力，减少人才和人力浪费，能够最经济地实现管理目标。四是善于运用典型，由点到面地推动工作。[1]对于教研组长来说，其组织能力主要表现在两个方面：一是资源的整合能力，即通过运用各种方式和策略，对资源进行挖掘、整合和协调，从而达到校本教研的最佳效果。二是引导能力，即采取有效的引导策略，使得参与教研的教师能够按照指定的方向开展活动，取得校本教研的预期效果。

首先，教研组长要具有资源的获取和整合能力。这其中尤其关注三个

[1] 张龙治，潘天敏编著.企业人才开发［M］.沈阳：辽宁人民出版社，1987：13—14.

方面：一是本组教师资源的开发，虽然同层次教师的研讨容易陷入重复性、低层次的误区中，但是，在参与本组研讨的教师中不乏经验丰富者，教研组长要善于发现与挖掘本组教师的先进经验和做法，让教师个体"回忆"和反思自己的经验，引导全组教师对这些先进经验进行研讨、提炼和提升，进而形成本组的集体经验。二是对专家资源的获取，如前文所述，校本教研的提升离不开专家的引领，而在这个过程中，选择恰当的专家、设计合适的活动流程，以充分获取相应的专业资源，这是组长的一项重要任务。三是对信息资源的整合。教研组长在日常工作中会参与各种学习培训和其他学习活动，当信息越来越多时，倘若不能及时地整合筛选信息，不仅不能开阔教研组长自己的视野，反而会成为影响组长分析问题和解决问题的障碍。当信息缺乏时，教研组长就要从各种途径获取相关信息，以丰富信息内容、更好地分析环境要求；当信息过多、各种流行教育概念纷繁复杂时，教研组长就要及时地对信息进行分析比较、筛选梳理以及有效加工，确保信息可以作为校本教研的有力支撑。

其次，教研组长要具有一定的引导能力。教师是校本教研的主体，在教研过程中具有很强的自主性和能动性，教研组长要让参与教研的教师按照预定的方向来开展活动，决不能采用强制的方式，不能采取指令要求、刚性手段，而应体现人文关怀，通过精神激励、细心引导的方式调动教师的积极性。一方面，教研组长要关注团队氛围的塑造，以良好的团队文化来引导每一位教师。教研团队形成融洽的人际关系，教师彼此之间真诚而友善，相互合作，多开展公开、专业的互动交流；另一方面，教研组长要与教师之间建立友好合作关系，对教师们表现出很高的支持性行为，倾听教师的建议并尽可能考虑其可行性，不断给予教师赞赏，尊重教师的专业能力，给教师更多的自由，避免出现命令式和监督式引导，尽量采用低指示性的话语。总体而言，教研组长的引导一定要遵循以下原则：坚持以人为本，实行柔性管理；充分发扬民主，让教师积极参与到教研组活动设计和实施过程中去；加强并促进教研组团队成员之间的人际沟通，营造一种和谐、民主、平等、舒畅的教研团队氛围。

（四）自我管理能力

自我管理是教研组长对自己身体、思想、情感及意识形态等进行的管理。自我管理更多强调组长从自身出发对内的调节与管理，运用各种技能、技巧来不断提高自己的心理素质，提高自己各方面的能力。教研组长必须要让同组教师感觉"靠得住"，让教师愿意参与校本教研，除了活动本身的设计之外，教研组长必须要有一定的感召力、影响力、凝聚力和亲和力。因此，教研组长必须有较强的人格魅力，要处事公平公正，待人和蔼可亲，尊重教师个性，谋求专业发展，等等。这就必然要求教研组长对自己有一定的计划和管理能力。

教研组长要保持不懈的进取心。作为教研组长，应该对自己有一种永不满足的心态，不能安于现状、故步自封，而要具有进取意识，即教研组长要有进取心。进取心首先表现为对自己工作的"不满"和"挑剔"，对自己的教学和教研提出更高的标准、更严的要求。既要积极学习新理念，敢于进行教学尝试，又要鼓励同组教师开展实践创新，追求有效的课堂教学、有价值的校本教研。尤其是随着课程改革的深化、中高考改革的推进、"双减"政策的落地，教研组长更要敢于打破固有教学常规，敢于在"深思熟虑"的前提之下不断挑战尝试新的教学方式。教研组长的这种进取心还表现为对自己的发展状态提出更高的要求，对校本教研工作确立具体的目标，并且制订相应计划，通过各种学习、思考、实践推动自己稳步朝着预定目标迈进，使得校本教研活动走上规划好的发展道路。

教研组长的这种自我管理还表现在对新知识的积极学习上。当前有些教研组长，因为已经具有丰富的教学经验和一定的教学权威，对教育改革的变化趋势、教育理论的发展就不再关注，甚至拒绝学习新理念、新理论，以至于整个教研团队仍停留在守旧的教研状态。事实上，教研组长要想推动校本教研、将教研组建设成为一个学习型的组织，自己就必须先成为一名积极主动的学习者，要不断学习教学研究的新进展，理解课程教学倡导的新理念，避免教育教学研究设计的盲目性，规避校本教研活动的重复化与肤浅化。而且，教研组长的学习会对同组教师产生积极的影响，如制订相应的学习计划、采用多样化的学习方式、确定丰富的学习内容、获取多样的学习资源等，这不仅有利于教研组长的自我学习和发展，还会带动和促进同组其他教师的学习和成长。

第三节　教研组长的能力提升策略

教研组长在开展教研活动时往往会面对很多问题和挑战，这些大多与其自身能力不足相关。比如，有教研组长在访谈时提到，"有时候会感到力不从心，特别是组里的老师们开展课题研究的时候，说老实话，虽然在教学实践中我们也会发现不少问题，但我觉得自己缺乏确立研究主题的能力。我们做的课题其实都是省里或者市里的一些子课题。独立开发的课题很少。"[1] 所以，在这种情况下，如何促进教研组长的能力提升对提高校本教研的有效性具有重要意义。

一、自主学习，提高教研组长自身修养

中小学教研组长作为校本教研的"领头羊"，承担着教学的引领者、教研的推动者和活动的组织者等多种角色，而每一个角色都有自己的任务和能力要求。教研组长要承担起这些角色和职责，首先需要自己不断地进行学习与思考。只有不断地学习，才能了解最新最先进的教育理念，才能及时更新自己的知识储备，才能更好地将所学的知识运用到教学实践、教

---

[1]　江怀霞 . 中小学教研组长领导力现状分析［D］. 上海师范大学硕士学位论文，2013：28.

研活动的组织与推进过程中去。在这个过程中，教研组长既提高了自身的素质，又促进了整个教师团队的成长和发展，促进了学校教育质量的提升。教研组长的自我学习包括两个方面：

一是向理论学习。即教研组长通过阅读各种书籍文献等来拓宽自己的知识面，让自己具有更为丰厚的知识储备。在这个过程中需要注意的是，首先，教研组长所选择的理论应该涉及不同方向，既包括自己所教学科的相关教育教学知识，也包括课程理论、教育管理、教师发展以及一般性人文书籍等多个方面。教研组长只有不断学习广博的知识和丰富的理论，才能让自己更有眼界、更有智慧，才能更好地引领校本教研活动。其次，教研组长要带着批判的态度来学习理论。随着教育研究的发展，各种理论不断兴起，这就要求教研组长一方面需要积极主动地去学习，以了解最新的教育理论；另一方面要保持批判的态度来看待所学理论，绝不能什么流行用什么，片面追求热点，否则极容易浅尝辄止。一定要结合本校的教学实践需要和教师队伍的发展现状，选择合适的理论进行持续性的学习。再次，教研组长在理论学习过程中要与自己的实践、学校的教育现状结合起来。理论可以指导实践但理论并不能直接运用于实践之中，因为具体的实践总是受学校制度、人力、物力等多方面因素的影响和制约，所以教研组长在学习理论的时候，还要不断结合学校实践对理论进行转化，将其转化为可以操作的实践性策略。

二是向经验学习。这些经验可能是同伴教师或专家所提炼出来的。不论是在平时的课堂教学中、在校本教研的同伴讨论中，还是在专家引领过程中，教研组长都要善于观察和思考，不断汲取、分析、提炼他人的先进经验。首先，教研组长要善于从他人的言语和行为中汲取"闪光点"，分析他们哪些地方做得好，为什么做得好；其次，教研组长要对这些"闪光点"进行提炼，使其成为能脱离特定情境的"先进经验"，以便能将这些先进经验迁移到自己或其他教师的实践中。需要注意的是，适合其他教师的经验不一定适合自己，教研组长在课堂教学中要对已经提炼的先进经验进行实践，分析其效果，提出相应的改进建议和调整策略，使这些经验能够更好地被运用。同时，教研组长也可以引导教师进行研讨，加强这些经验在本组教师教学实践中的适应性。

对于教研组长而言，要想在校本教研中发挥自己的影响力、提高本组教师对自己的满意度，就需要不断提高自己的修养，而个人自觉主动地进行理论和实践学习，是内化新知识、逐步提高自己能力的重要途径。从这个意义上说，教研组长必须重视学习。

二、加强培训，增强教研组长的角色意识与能力

培训对教研组长的能力提升具有重要的作用，但在当前的教研组长培训过程中仍然存在种种问题。当前对于教研组长的培训比较少，区县的教研组长接受到的培训更少，而且专业性不强。培训一般由教研员负责组织，培训的内容主要还是落在课堂教学上，对教研组长的管理能力、工作能力和组织能力的提升方面的培训不足，针对性不强。另外，培训的内容以理论性的内容居多，与实际的教学管理存在一定的脱节，除非培训的教师一直处于教学第一线，否则培训内容与实际工作相差较大。针对性不强、与实际相脱离、实用性不高是当前教研组长培训中存在的突出问题。

由此可见，针对教研组长的培训，首先必须了解教研组长的培训需求。"缺啥补啥"，要有针对性，不能把对教研组长的培训与对其他骨干教师、学科教师的培训简单混在一起，而是要通过各种调查方式全面了解教研组长的专业发展需求和对培训的期望，以确保教研组长培训工作的有效性。

其次，要基于教研组长的能力要素和实践需求来确定相应的培训内容。教研组长的培训内容应该包括：一是学科教学培训，包括先进的教育教学理念、教学方法和教学策略，这是当前教研组长培训的主要内容。二是教研能力培训，即通过培训来推动教研组长开展教学研究，包括如何确定选题、研究内容构架、选择研究方法、撰写研究报告等多个方面，这是大部分教研组长的"短板"，对其进行培训具有重要价值。三是管理能力培训，包括教研组长如何组织教研组活动、管理教研组事务、建立良好的团队氛围、协调各方关系等。

最后，要选择恰当的培训方式。从教研组长的反馈中可以发现，现有培训针对性并不高。负责培训的或者是教研员，或者是学者。前者虽然具有丰富的实践经验，但他们对教研组长这一角色的认识有限，所以培训的实效性并不高；后者虽然具有丰富的理论研究，但往往与实践结合不够，导致实操性不强。因此，在培训过程中，选择恰当的方式，既要有理论的高度、理念的引领，又要有实践的可落实性、可操作性，让教研组长感觉真正有收获，这点至关重要。同时，在培训过程中，还要给予教研组长相应的建议，根据他们的实践效果及时进行调整。培训可以结合不同的内容开展相应的专题讲座、案例分析、互动研讨、教研沙龙、头脑风暴等活动，灵活多样的培训方式能增强教研组长的角色意识，提升教研组长的能力素养，帮助他们树立信心，激发他们不断向前的勇气，鼓励他们敢于面对校本教研中出现的种种问题、直面教学与教研中的挑战。

［**案例**］上海市徐汇区中小学教研组长培训内容与方式的建构[1]

本着"注重实践，缺啥补啥"和"兼顾常规，鼓励创新"的培养原则，

---

[1] 上海市徐汇区"中小学教研组长专业发展的行动研究"项目组、杨向谊, 杨娇平. 中小学教研组长: 角色、培养与管理［J］. 教育发展研究, 2006（6B）: 52—56.

我们立足于本区条件和优势，在培养的内容和方式上，展开了有益的探索，取得了一些经验，现描述如下：

对教研组长实施有效的培养，首先就是要具体了解并分析该群体在专业能力上的特点。根据对我区中小幼25位教研组长撰写的成长案例的初步分析，同时借鉴有关教学领导（课程领导）成长的文献论述，我们发现，在教研组长的教学领导能力中，课程与教学和相应专业判断研究的能力是重要的前提与基础，也是教研组长树立"学术权威"的立足点。显然，当一名普通的教师兼任学科教研组长时，其带有传统意义上"行政"味道的"岗位权威"对同伴的影响只能是暂时的，而以自身学科素养为标志的"学术权威"则对有效地开展工作具有极其重要而深远的影响力。其次，如今的教学研究活动中，教研组长与其他教师（甚至上级）之间是一种新型的"伙伴共生"关系，因此良好的沟通与交流以及协调能力，也是教研组长必备的专业能力。如果缺乏这些，那么教研组长的工作很可能成为单打独斗，难以形成基本的研究和学习团体。依据这样的能力构成，我们从内容和方式上予以尝试性操作。

1. 确立动态化的培训内容

对教研组长的培训设计，主要是依据他们实际教学研究工作的主要环节，将有关的能力和技能培训嵌入其中编排，形成与学校实际工作安排和需求同步，又突出主要技能方法学习的内容架构。目前，我们仅将培训内容大致分为"实务技能类"和"综合运用类"两大相对恒定的模块，在每一个模块中又随学校的教学工作重点，较为灵活地以具体的学习专题作为切入，具体如下图：

课堂观察

说课与评课

命题与质量分析

实务技能类 { 实务技能类专题研究方案的设计

如何有效沟通与分享

内容如何进行教研过程的判断与引领

内容 {

有效教研的关键因素分析

有效教研活动的策划与组织

综合运用类 { 综合运用类教研活动有效性的评估

新教材使用中的若干问题探讨

学科研究报告的撰写

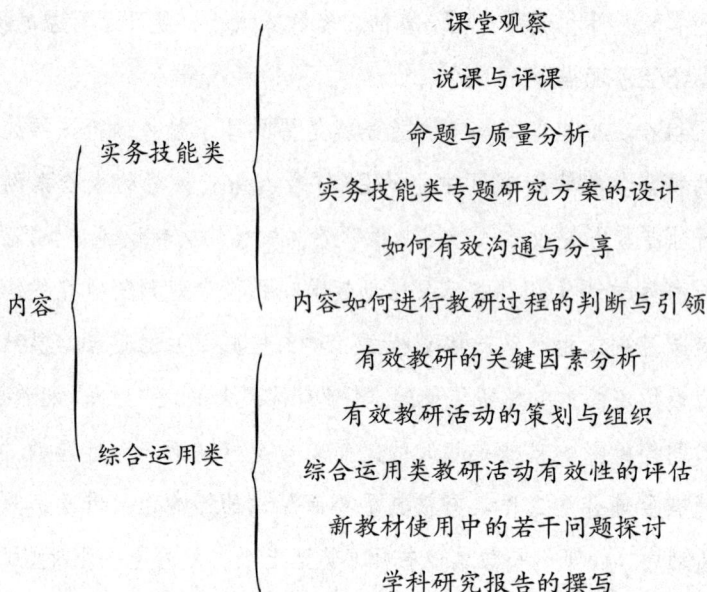

　　显然，为了体现专项培训的特点，上述每一个学习专题都不直接涉及组长本身的课程和课堂教学基本能力，如备课、教学的组织调控等，因为这是一般教师都必须具备的，无须作为教研组长岗位培训的重点。同时，我们在选择具体培训素材时，还要注意借鉴和吸收其他专业的有益做法，如企业文化建设过程中的员工沟通与交流技巧、班组团队学习的操作等。应该说，随着课程改革的不断推进，教研组长需要的岗位技能和知识也将发生变化，需要不断地作出调整和更新。因此，我们推测，对教研组长的培训内容将呈现出较强的动态性与开放性。

　　2.探索有效的培养方式

　　如同教师专业知识的特点一样，教研组长的工作很大程度上是一种个性化的实践性智慧积累，它多半是以隐性知识的状态镶嵌在每个人的日常行为之中，难以言传。所以我们在培养方式上注重学员的内化性实践，让学员在做中学、做中悟，比较有代表性的有：

（1）注重理论与实践紧密结合的"双循环"专题

培训流程从本质上来说是培训设计的体现。依据具体培训专题的需要，确立课程总纲、目标、课时划分和预计成果，并且通过任务驱动的途径，在几个不同学习阶段安排若干项任务，对每项任务的活动形式、完成过程和成果都作出明确描述。具体的操作采取两大循环：第一循环是反思—学习—感悟，此循环以集中授课为主，在听课的同时，组织同伴之间充分互动，围绕培训内容展开反思、体验和分享，进而思考问题的症结在哪里，接着进行模拟操作，熟悉和掌握一些基本的对策并制订出行动计划。这一循环主要是吸收信息和知识，分享同伴的智慧，目的是使学员有所领会和感悟。跟进的第二循环是实践—研讨—内化，这一循环主要分散在各自的学校进行，由指导群体与学员结对，整个过程学员成为学习的主角，在其主持下，按照第一循环中制订的行动计划，从听课、讨论开始，经过问题诊断、细节分析、深度探讨和行动计划的修改几个环节的实地操作，达到运用内化的目的。目前我们已经运用"双循环"项目培训流程，对小学外语学科的教研组长进行了两轮有关"课堂观察与评课"专题的培训，取得了较为满意的效果。

（2）立足于实践性智慧传播分享的专题案例研讨

在教研组长的培养中，案例学习不失为一种十分有效的方式，它在很大程度上可以激活组长工作经历中的隐性知识，在与同伴的对比中产生共鸣，从而使那些处在休眠状态而无意识的东西逐渐变得有意识和清晰化。为此，我们尝试在全区中小学 400 多位各学科教研组长中，由教研员精心推荐，选择了 25 位，组织撰写自己岗位上的成长故事（即工作志），然后按照"角色转换和定位""如何交流和沟通""如何引领和协调""怎样开展教学专题研究"等专题，开展案例交流。大家现身说法、借鉴模仿、释疑解困，有效促进实践性智慧的传播、分享和创新。目前我们拟将这些案例进行加工修改并配以点评，汇集成册，进一步作为教研组长的培训资源。

除了上述方式之外，还可以组织学员深入某一所学校的教研组，现场观摩教研活动并且展开研讨；或者区学科教研员蹲点深入学校教研组，与教研组长结成工作伙伴，全程参与教研活动的策划、组织实施和反馈评估，帮助教研组长把握开展有效教研活动的几个关键环节，提高岗位的综合技能，实施跟踪培养；还可以借助网络资源，通过区教师网展开"有效的教研活动方案"设计交流大会和开设网上专题论坛进行讨论等。

三、完善制度，促进教研组长的持续发展

一是教研组长的选拔制度。教研组长并不是随意指定或者任命的，而是应该有一套相对规范的选拔制度。学校应该围绕教研组长的能力要素和校本教研的实际需求，制定相应的选拔标准，规范相应的选拔程序，公平、公正和公开地进行选拔。因为与教研组长的工作关系最紧密的是同组教师，所以学校在选拔教研组长的过程中，一定要重视同组教师对教研组长人选的意见。

[**案例**] 某中学教研组长聘任办法

一、基本条件

1.具有良好的教师职业道德。

2.服从学校的工作安排。

3.组织教育活动的能力较强。

4.具有较强的学科专业知识。

5.能解决教育教学中的疑难问题。

6.主动承担校内校外研究课、示范课、公开课。

7.积极参与各级教研、教改活动。

8.原则上具备中教一级以上职称。

二、选拔程序

1.宣传发动

召开备课组长会，号召符合条件的教师积极申报。教师填写申请表，交教科处审核。

2.积分办法

（1）教学成绩积分（满分50分）

类比同一学科教师近三年的学年教学成绩学科名次，三年之和最小者为第一名，积50分，依次类推，第二名积48分、第三名46分、第四名积44分，第五名积42分，第六名积40分……

（2）领导评议积分（满分30分）

领导评议表

学科：_____

考核时间：_____年____月____日

姓名	对拟聘教研组长工作总体评价	优秀	合格	不合格

说明：①校级、中层领导分别评议，分值相同，满分均为15分；②优秀为15分，合格为5分，不合格为0分；③请实事求是、认真负责地评价；④请在相应的格子里打"√"。

（3）学科组教师评议积分（满分20分）

学科组教师测评表

学科：_____

考核时间：_____年____月____日

姓名	对拟聘教研组长工作总体评价	优秀	合格	不合格

说明：①优秀为20分，合格为10分，不合格为0分；②请实事求是、认真负责地评价；③请在相应的格子里打"√"。

三、公示与聘任

1.对拟聘任的教研组长进行全校公示，接受全校教职工监督。

2.根据公示结果，校长聘任其为相应学科教研组长，任期三年。

上述是某中学教研组长的聘任办法。具体看来，虽然该校制定的相应制度明确规定了教研组长应具备的基本条件、选拔程序、公示与聘任，但相对而言，内容稍显粗略和简单。如何为教研组长的选拔制定科学合理的标准、有序规范的程序，让相应制度得到真正落实，仍然是一个值得学校管理者和研究者深入思考、持续关注的问题。

二是建立教研组长的培训与交流制度。教研组长的培训需要相应的制度作支撑与保障。相应制度应对教研组长培训的时间、地点、人员、内容、保障等有着明确的规定，尤其是要重视保障机制，既要确保培训的资金来源，还要从多种途径获取对教研组长培训有用的专家资源和信息，让教研组长的培训"有据可循"。此外，教研组长在日常工作中，往往也会遇到相应的问题，区域或者学校应该定期组织教研组长进行交流和研讨，围绕如何做好教研组长、如何开展校本教研、如何打造教师专业共同体等主题，发现问题，总结经验，寻找策略，实现教研组长的"同伴互助"。

三是构建教研组长的评价激励制度。一直以来，对教研组长的评价因为其标准难以量化以及干扰因素太多等原因而难以实现。但实际上，评价也是促进发展的一种重要方式，评价有助于教研组长更准确地把握当前自身存在的问题、进而有针对性地进行学习和培训，更好地促进自身的发展。就目的而言，评价不只是为了考核教研组长的工作成效，也是为了更好地激励、推动教研组长的发展。从主体上看，对教研组长的评价包含校级干部、同组教师和组长本人三个层面。首先，校长或其他校级干部要定期对教研组长的工作进行了解、评价；其次，学校要关注同组教师对教研组长工作的反馈，同组教师最了解教研组长工作的实际情况，往往能比其他主体更准确地进行评价；再次，要重视教研组长对工作的自我评价，这种评价将直接促进组长的自我反思。从内容上看，对教研组长的评价主要围绕教学能力、教研能力和管理能力三大要素展开。从方式上看，评价既可以采用问卷调查、座谈访谈的方式，也可以通过现场观察、案例分析等方式进行。从结果上看，评价本身是为了促进和激励教研组长的工作，在对组长积极反馈评价结果的基础上，要持续跟踪相应的改进效果。总之，对教研组长的评价要形成一个完整的制度，评价的目的、主体、内容、方式以及结果反馈和跟进情况等在制度中都要有所体现。

第五章

研之有法
——校本教研的制度建设

校本教研的有效推进离不开学校相应制度的建设。首先，学校需要建立健全相应的组织制度来规范校本教研的规划、实施以及对相应成果的管理；其次，学校需要建立健全相应的评价制度，在坚持发展性、校本性、激励性、规范性的原则下，对校本教研进行合理评价，以此推动校本教研的有效实施；再次，学校还需要建立相应的保障制度，从组织资源、条件资源和教师资源三个方面为校本教研的开展提供相应的保障。

第一节　校本教研的组织制度

校本教研的组织实施是在一定制度下得以进行的，所以，学校必须重视校本教研的组织制度，以制度的形式规范校本教研的规划和具体的实施推进。此外，学校还要重视校本教研的总结与成果管理。

一、校本教研的规划制度

建立完善的规划制度，对校本教研的有序推进具有重要价值。校本教研规划，是指学校对校本教研的设计、实施、评价等进行全面规划。校本教研的规划制度，是指用制度的形式对校本教研规划制定的主体、内容、过程、特点、功能等进行明确规定。

从主体上看，学校是校本教研规划的直接主体，但校本教研规划绝不是校长或者教研组长个人冥思苦想的结果，它应该是学校领导、教研组长、本校教师一起研讨制定的。首先，学校作为主体，既要将校本教研作为重要内容纳入学校工作的整体规划之中，又要就校本教研制定相应的规划文件；其次，各教研组或者教研团队应该结合本学科的特点和实际需要，对本组校本教研的实施有一个计划，并将该计划上报学校进行备案；再次，在学校和各教研组制定校本教研规划的基础上，教师应该结合个人需求，形成相应的校本教研个人计划。

从内容上看，校本教研的规划主要是基于对本校或者本组教研需求的分析，明确在一定时期内开展校本教研的具体主题、活动方式和实施保障等相关问题。既要立足过去，又要把握当下、指向未来；既要有对过去的诊断和分析，又要有对未来的预测和憧憬，尤其要关注其实施的过程。首先，学校或教研组需要基于本校教育教学的实际需求、教师团队特点和已有教研基础等，制定本校或本组的校本教研目标，明确"起点"；其次，结合本校校本教研的资源基础、学校常规工作安排，确定校本教研的具体时间、地点和活动内容等，在一定程度上规划好实施的"过程"；再次，规划还应明确相应的保障系统，用以支持校本教研按规划如期进行、实现预期目标。

从过程上看，校本教研的规划制定包括以下步骤：首先，对学校校本教研现状进行调查分析，在对学校校本教研的原有基础、实践需求进行全面把握的基础上，明确学校开展校本教研的优势和劣势，寻找学校校本教研推进过程中面临的问题和亟待解决的问题，为确定学校校本教研的方向和目标提供依据。这部分工作应该由全校教师一起商讨，共同分析，取得共识。必要时还可以借助问卷调查的方法，广泛了解当前教师对学校校本教研的认识。其次，对学校校本教研的目标进行定位。这一目标具体包括三个维度：时间、方向、程度。即在多长时间内，开展什么样主题（方向）的校本教研，达到什么样的程度。需要注意的是，目标应该是表述明确、经过努力可以达成的，而不是"口号"；目标应该是可衡量的，既要有明确的时间规定，也要有明确的责任人规定，还要有达成度的测评方法，而不是一种美好的、难以落地的"愿望"。再次，制定各教研组的校本教研计划。即各教研组根据学校校本教研规划，基于本组的实际情况，制定相应的可操作的行动计划。行动计划必须包括负责人员、时间安排、要达到的目标、具体任务、成本问题等。在相应的规划和计划制定之后，应该向全校教师公布，对此进行相应的讨论，以进一步改进和完善规划和具体的计划，并推动教师形成个人的教研计划。

从特点上看，校本教研的规划应具有三个方面的特点：一是针对性，即学校校本教研的规划一定是针对本校的实际需求进行的。学校通过调研、数据处理、现状分析，综合归纳出本校校本教研的现状、问题、方向、路径等基本思路。只有立足本校实际，才可能正确把握本校校本教研的条件，明确校本教研的方向和主题，制定出适合本校的措施。二是可行性。学校校本教研规划不是用来看的，而是用以指导校本教研、真正推动教学实践的，倘若规划本身不具有可行性和实践性，那么规划的各种作用都将变为零，规划本身就失去了存在的价值和意义。三是弹性。在学校工作中，往往会有很多突发事件影响着校本教研工作的有序推进，而这些突发事件是无法避免的。所以，学校在制定校本教研规划的时候，一定要留有余地，有一个松紧、伸缩的空间，供学校根据实际情况适时地进行调整。

从功能上看，校本教研规划应具有四个方面的特点：一是指向性，即校本教研规划应该是学校校本教研活动所要达到的目标和标准。科学合理的规划，应该具有极大的号召力，推动全校教师朝着规划确定的目标而努力。二是可控性，即校本教研规划应该具有控制的意义，学校可以调动各种人力、物力和财力来实现预期的规划目标；同时，排除各种干扰因素和偏离目标的行为，按照规划所确定的活动方式和时间安排来行动，控制不符合目标要求的其他需要。三是激励性，即校本教研规划的制定，可以鼓励全校教师为了实现预定的目标而努力。当校本教研遇到问题和困难时，规划中确定的目标能给予人行动的方向和克服困难的力量；当校本教研活动如期推进时，规划又能给人鼓舞，增强教师继续推进校本教研的热情和信心。四是发展性，即规划制定的终极目标是通过校本教研的推进实现教师的专业发展、学生的全面发展和学校的特色发展。如果偏离了这一目标，规划本身也便失去了存在的价值。

[**案例**] 江苏省 D 校校本教研规划的制定[1]

一、校本教研规划产生的背景

D 校校本教研规划产生的背景主要来自外部要求以及学校自主要求两个方面。首先从外部要求来说，D 校所属的地区整合了地域优质资源，立足专业引领，寻求有效教研方式，在建立教研文化方面进行了积极的探索与实践。该区教育局局长强调："质量是生命线，是办学之本。"该区《中小学教育科研管理工作指导意见（试行稿）》中指出："教科研兴校、教科研强校是区域提升教育质量的重要途径。开展教育教学研究是基层学校锻造教师队伍，促进学校发展，提升教师专业能力，提高教学效率的重要手段。"此外，教育部印发了《关于进一步加强和改进基础教育教学研究工作的意见》、江苏省教育科学研究院《关于进一步加强教育科研的工作意见》中也提出了相关要求。

从学校内部自身发展要求来说，D 小学致力于创办"市优质学校"，以校本教研带动学校发展，通过开展校本教研活动提升教师先进的教学理念，推动教育实践改革，使合作、交流、共享成为教师的自觉行为。学校想要进一步深化校本教研活动，营造浓厚的研究氛围，寻求一条适合教师专业发展的、促进学校整体发展的有效路径，提高广大教师的校本教研意识，便在"以人为本"的教育理念下制定了校本教研"强化素质教育、优化师资队伍、教科研兴校"的 5 年规划。

二、校本教研规划制定的过程

D 校校本教研规划制定的过程历经半年的时间。8 月 D 校开始酝酿校

---

[1] 还璞. D 小学校本教研管理的个案研究 [D]. 南京师范大学硕士学位论文，2015：25—31.

本教研规划的制定，在此之前校长与区有关领导进行了细致的沟通与交流，区有关领导也提出了合理化的建议。同年10月，学校领导对校本教研工作从教师专业提升角度、学生发展角度、教师校本教研认同度等多个维度与同类型的学校进行了调研和比较。学校中心组成员先后召开三次会议讨论形成该校的校本教研规划：第一次会议于10月9日召开，会议形成初步的意见，并决定由教学副校长、教务处主任共同起草校本教研规划初稿；第二次会议于10月30日召开，会议具体研究校本教研的规划是否可行，并进行相应的补充及修改；第三次会议于11月5日召开，确定研究出来一套适合本校可持续发展的校本教研规划，并在下周三的全体教师大会上一致同意通过。11月底，该规划正式启用。

三、校本教研规划的目标

D校不断地完善校本教研的管理机制，提出以"强化素质教育、优化师资队伍、教科研兴校"为5年总规划，其总目标是形成一个开放式、协调式、互联式、自主式的校本教研，把学校建设成为学习型组织。创建具有特色的校本教研模式，使教研逐渐成为教师的职业习惯，从而形成良好的校园文化，以校本教研推动学校特色发展，努力打造市优质学校。

D校校本教研规划的内容以国家的教育教学发展计划为指导思想，依据本校的校情而制定，从强化素质教育、优化师资队伍、教科研兴校三个方面对D校未来五年的发展进行总体的规划。该规划的产生是建立在"以人为本"的教育理念基础上的，之所以建立在"以人为本"的理念基础上，是为了认真贯彻和落实国家提出的课程计划，以新课标为导向，全面培养学生的综合素养，同时提升教师的专业发展水平，建立和完善校本教研制度，以实效的校本教研带动学校整体发展，快速、大步迈向市优质学校的建成。具体包括：

第一，强化素质教育。加强学校特色建设，准确把握课程改革方向，在改革中不断探索校本化的课堂教学模式、课堂教学方法以及教学手段，优化课堂教学，提高教学质量。尊重、关爱、信任学生，树立以学生为本的观念，培养学生的综合素质，帮助学生建立自信，发展个性，培养爱好，使学生得到充分的发展。

第二，优化师资队伍。加强教师的业务培训、学习、进修，推进师徒结对，注重青年教师的成长和骨干教师的培养，为教师打造专业发展的平台，努力建设一支具有现代化教育教学理念的，爱岗敬业、师德高尚、业务精良的教师队伍。

第三，教科研兴校。深入开展教研活动，以展示课、研讨课、竞赛课、专题讲座、读书沙龙等活动形式推进教学研究进程，做好学校课题管理、教师论文撰写等科研工作，促进校本教研成果的形成以及教师理论水平和教学能力的双提高，推动优质化小学的建成。

四、校本教研规划的主要任务

D校对不同群体在校本教研中的任务有着明确的规定：

学校决策层：学校决策层以校长为主要责任人，其主要任务有：1.对于校本教研管理进行统筹规划，确定管理的目标；2.制定和完善校本教研制度，促进教师和学生的发展；3.创造良好的校本教研氛围，建设学习型组织；4.利用外部资源促进校本教研的发展。

学校组织层：教务处、教研组协助校长组织和整合各种校本教研资源，使校本教研活动能够有序高效地开展，其主要任务有：1.对学校的教研人员、教研时间、教研场所等进行协调和配置；2.制定学期教研活动方案，组织教研活动有序开展；3.组织教师对于教研中提出的问题开展讨论和交流，对教研进行总结；4.对教师实施评估和考核。

教师层面：校本教研的主体是教师，其主要任务有：1.师徒结对同伴互助，充分发挥骨干教师、学科带头人的作用，让他们与青年教师结对，指导青年教师学习。师傅每周至少听徒弟1节课，徒弟每周至少听师傅1节课，课后师傅与徒弟共同反思课堂，共同解决课堂中出现的问题。学期末对于有突出贡献的、有巨大进步的师徒予以表彰和鼓励；2.积极参与行动研究，教师之间互相听课。同学科教师之间要互相听课，且听课率要达到90%；鼓励教师跨学科听课，互相学习，取长补短，形成良好的研究风气；3.参与学校的校本教研活动。不论是教研组研究课还是教师评优课，不论是展示课还是汇报课，教研组内的教师一般都集体备课、试讲听课，一起准备教具、制作课件，在忙碌中共同成长；4.自觉融入教研文化。教师之间共同交流，及时反思，开诚布公，真诚、热情地投入到研究活动中去，形成良好的研究氛围。

二、校本教研的实施制度

校本教研的规划落实在于具体的实施，以制度的形式保证校本教研有序、规范的实施是确保校本教研有效开展的关键。

（一）明确校长是校本教研制度的第一责任人

校本教研离不开校长的组织和领导。首先，校长要有"科研兴校"的意识，能看到校本教研对于促进学生发展、教师专业成长和学校教育教学改进的重要性，真正重视校本教研持续、有效的推进。其次，校长要带领全校师生一起制定学校校本教研的规划，在此过程中促进教师进一步明确校本教研的指导思想、目标、内容、方法与步骤等，以此推动教研组和教师个人都形成相应的校本教研计划，自上而下观念统一、行动配合。再次，校长要确保校本教研制度的建立、完善与落实，认真带领全体教师开展校本教研，率先垂范，真正参与校本教研实践。最后，校本教研的顺利推进需要各种资源的保障，既包括人力、物力、财力的支持，还需要场地、时间的保证，而这些资源的协调与配置，都离不开校长的有力支持与管理。倘若校长认识不到位，意志不坚定，那么校本教研极可能会因为教师的认识误区而走向形式化，因为资源不足而难以推进，因为缺乏制度支撑而变得随意化。因此，校长作为校本教研的组织者、设计者、落实者和资源保证者，是校本教研制度的第一责任人，校长的有力支持是校本教研有效实施的重要保障。

（二）建立并实施校本教研的常规管理制度

学校要制定并实施校本教研活动的常规管理制度，对校本教研开展的时间、地点、人员、内容、效果、评价等作出明确的规定，并由专门的机构负责具体落实、检查，以保证教研效果。在这个过程中，需要注意三个方面：

其一，注意校本教研常规管理制度的"包容性"。制度本是刚性的，倘若完全忽略其弹性，过于僵化和死板，容易引起教师对校本教研的反感和抵触，反而失去了积极作用；但若缺乏制度的约束，又容易让校本教研失去了规范化和科学化的准则，校本教研本身的实效性将大打折扣。所以，应该注意校本教研常规管理制度的包容性，既要具有一定的规范性和强制性，又要体现人本性，尊重教师主体性，根据教师的需求和学校的实际情况提供一定灵活变通的空间。

其二，重视教师"正式"教研与"非正式"教研的结合。"正式"的校本教研，定时、定人、定点、定内容，教师作为主体，应在"正式"校本教研过程中发挥重要的作用；"非正式"教研不受时间和地点的限制，教师随时根据面临的问题进行现场分析和研讨，一方面时间上更为灵活，另一方面解决问题更为及时，更能激发教师开展教研的活力，甚至能有效避免教师参与教研与教学工作上时间相冲突的局面。因此，学校一方面要鼓励教师参与"正式"的校本教研；另一方面，学校还要重视教师"非正式"教研的工作，促进教师及时对其进行总结、反思。

其三，重视对校本教研过程的监督。监督是落实校本教研、加强校本教研管理的重要手段，是学校确保校本教研目标落实到具体实践的必要操作。积极探索对校本教研的有效监督能够挖掘全员潜力、调动全员积极性、确保校本教研的规范化和科学化，同时还能及时发现问题并给予指导和帮助，提高常规校本教研的有效性。所以，在校本教研的实施制度中，应该有详细的监督计划和切实的监督措施，确保对校本教研的监督有章可循。另外，学校还应建立有效的监督反馈机制，以便于及时准确地掌握当前校本教研的实际情况。需要注意的是，学校对校本教研进行监督的根本目的是为了促进校本教研更好地推进，而不是故意"挑刺"。一旦发现教师在校本教研中出现问题，督导组要及时地给予指导、帮助和跟踪改进。

（三）建立和完善课题规划及相应的管理制度

校本教研是围绕一定主题展开的，不少学校把主题提炼成校本教研的课题或者小课题，通过对课题的研究来破解当前学校教育教学实践中最迫切需要解决的问题。但是，在这个过程中，学校要建立校本教研的课题规划及课题管理的相应制度，通过制度增强校本教研的科学性和规范性。它具体应包括课题规划立项、开题研究、过程管理、结题验收、档案管理等内容。

[**案例**] 上海市市光学校课题管理制度

一、总则

1.为加强我校教科研课题管理，使教科研工作实现科学化、规范化、制度化，促进教师专业化水平的提高，更好地为学校教育教学改革和发展服务，结合我校教育科研工作实际，特制定本制度。

2.教育科研课题研究，坚持以正确的思想为指导，理论联系实际，积极探索，开拓创新，努力为学校的教育决策服务，为学校的改革和发展服务，为促进教师专业化发展服务，贴近实际，贴近学校，贴近教师。

3.本制度所涉及的教科研课题，以校级立项课题为主，兼顾经学校推荐上报和审查备案的其他市、区级立项课题。

二、组织

学校科研室接受区科研室的领导，具体负责全校教育科研工作的组织规划、日常管理与协调工作。

1.制定学校教科研发展规划和研究计划。

2.组织课题的立项、评审工作。

3.依据有关规定，组织实施校级以上教育科研课题的管理。

4.检查指导立项课题的执行情况，协助上级规划部门做好本校承担的市、区级以上课题的管理工作。

5.做好其他来源课题的审查备案、督导工作。

6.组织立项课题的成果鉴定、验收和推广工作。

7.组织优秀教科研成果评选、教科研先进组和先进个人评选、科研奖励及教职工科研工作考核。

三、课题申报

1.课题申报立项面向全校教职工。课题可以个人名义申报，也可几人联名申报，还可以处室、教研组、年级组、备课组的名义申报，但每一项课题最多不超过五人。

2.每项课题只能有一名负责人。每人同一时间内只能负责或参加一项课题。已承担市级以上教研课题未结题者，不另行申报学校新课题，但对其研究过程的管理要求与对校级课题的管理一致。

3.课题申报人须按照规定填报《上海市市光学校课题立项申报表》，对研究背景、课题价值、研究内容、研究方法、研究步骤等进行较详实的论证。

4.课题申报一年一次。在每年的2月份（每学年的第二学期初）将《立项申报表》（只需填写电子版上传）交学校科研室。其他时间不予受理。

5.课题立项后，由科研室审核后负责将立项通知发给课题组。

6.已承担或参与在学校科研室备案的市级及以上课题的不再申报。

四、立项要求

1.校级课题遵循选题小、易切入、见效快、周期短的研究原则，应对学校提高教育教学质量和特色发展有积极的推动作用。鼓励围绕学校科研重点开展研究，可从科研室提供的参考课题中选择，也欢迎结合自己的教育教学工作实际自选研究课题。

2.鼓励开展有价值的探究性研究、调查研究、实验研究和行动研究。

3.课题立项要根据充分，研究目标明确，内容具体，研究方法、步骤切实可行。

4.课题研究时间以一年为宜，最长不得超过两年。

五、过程管理

1.课题立项后，课题组要以一定形式召开开题会，制定具体可行的课题研究方案。

2.在平时研究过程中课题组负责人应定期召集课题组成员进行学习、研究，原则上每月至少开展一次活动。要中心明确，记录详细。

3.每个课题每学期要开研究公开课1至2节。组参研人员每人每学期围绕课题研究听课不少于5节并有课后反思记录。

4.每学期课题组负责人应召集成员制定学期研究计划，学期结束应做好研究总结，课题主持人负责将已完成的书面阶段总结报告交教科室。每一个课题组成员要交一份有一定水平的研究过程材料（课题研究论文或是研究案例、教学课例、教学设计、体会心得等，字数一般在2000字左右），都需将材料的电子版上传科研室。经检查后，将结果向全校通报，并量化纳入对教师的考核。

5.各课题组应有专人负责课题的档案资料管理。如申报书、实验方案、实施计划、教案、个案、调查、测试、总结、汇报、音像资料、试卷、学生的有关情况、活动记录等，均有存档，特别要注意保存原始资料，对课题实施情况做好记录，并备有课题研究大事记。

六、成果鉴定

1.研究任务完成后，课题研究者要向科研室提出结题申请，填写《市光学校课题成果鉴定申请书》（电子版上传），整理反映研究过程成果的主要资料（包括文字、图表、录音、录像、实物等），交学校科研室。

2.科研室负责组织学校教育科研评审委员会有关专家进行评审鉴定，作出客观、公正、全面的评价，综合写出评审鉴定意见，填写《成果鉴定书》。

七、奖励与推广

1.科研成果经鉴定后，记入本人业务档案，将作为教师考核、评选先进等的重要依据。

2.从校级立项课题中，选择优秀的和具有进一步研究价值的课题推荐申报区、市、国家级课题（申请上一级主管部门的研究课题，需由校级课题中推荐）。

3.对优秀教科研成果，学校推荐参加上一级的各种评选活动（科研成果评选、案例评选等）。

4.评选学校教育科研先进个人和先进集体，进行表彰奖励。

5.凡对教育改革与发展以及提高教育质量效益具有积极意义的研究成果，学校进行宣传和推广。

八、其他课题管理

1.建立学校其他来源教育科研课题立项管理备案制度。

2.除校级立项课题之外，参与或承担其他教育系统所属单位或个人的独立立项课题或子课题的，均需向学校教科室提出申请，并将课题研究方案和课题立项书等报学校教科室审查备案。

3.不经学校批准或备案的，其研究成果，学校考核时不予考虑。

4.对校级以上其他课题的日常管理，与校级课题要求同步（按时开展研究活动、上交学期课题研究总结和研究过程典型材料等），学校对有关教师进行同步考核。

三、校本教研的成果管理制度

很多学校重视校本教研的过程，但忽略了对校本教研成果的总结及管理。具体来说，校本教研的有效推进必然会产生相应的成果，对教学实践有一定的促进作用。这其中，显性的教研成果往往不限于论文和课题报告，还包括为某种教学方法、教学策略或者教学资源等做总结；而隐性的教研成果则是通过校本教研促进教师的专业发展，提升教师的研究能力，最终促进学生的全面发展。

校本教研的成果管理制度主要包括两大方面：一是成果的形成制度；二是成果的推广与转化制度。一方面，学校要制定相应制度，积极促进教师对校本教研的总结与反思，形成相应的研究成果；另一方面，学校对成果要有推广和转化意识。在具体实践过程中，很多教师因为缺乏"成果"意识，感觉总结成果"费时费力"却意义不大，所以不愿意付出。对此，学校既要通过制度宣传校本教研成果的价值、推动甚至规划教师及时地总结相应成果，还要以"推广"来推动教师对成果的重视和转化。具体而言，推广校本教研成果的方式有以下几种[1]：

---

[1] 徐兆兰.推广校本教研成果的几种方式［J］.上海教育科研，2006（11）：26.

一是教改沙龙，又称深度会谈。它是校本教研中同伴互助的一种重要形式，只要教师彼此真诚，相互信任，都可定期或不定期地在一起，就明确的主题或不明确的主题，自由展示和表达自己的观点、看法、思想、结论，进而产生交流探讨，不断提高参与者对特定主题的认识，不断丰富和充实参与者的知识，不断提升参与者的校本教研水平。很显然，教改沙龙是一个自由参与、开放发散的过程。在这个过程中，参与者可以毫无顾忌地宣传自己的校本教研成果，其他参与者又可以心甘情愿地接纳和品味这些成果。例如，有一所规模比较大的高中，同学科不同年级的教师平时都很难碰在一起。高三教师一直用的是老教材，虽然他们参加了新课程新教材的相关培训，但对新课程新教材的变化情况还是了解不多。为此，该校专门设置了几个小型会议室，让教过新教材的教师与高三教师自由组合在一起，围绕新课程新教材中的一些问题进行深度研讨，从而加深了高三教师对新课程新教材的理解。

二是专题汇报。校本教研成果的推广，可以由成果研究者自行推广，但更多的是由上级教研部门或学校组织推广。而专题汇报是成果研究者根据上级教研部门或学校确定的有关专题，在一定的会议上汇报自己围绕该专题展开校本教研所取得的成果。所以，专题汇报这种方式的组织者一般是上级教研部门或学校。在会议召开前，区域教研部门或学校应根据本地区、本校教育教学实践的需要，确定好汇报专题，并有目的地去调查了解，以发现相应专题的汇报人，从而让汇报人的校本教研成果得到推广，同时也使教育教学实践中出现的问题得到及时有效的解决。

三是示范观摩。在校本教研中，如果有教师已取得了推广的成果，则区域教研部门或学校可采用示范引领的方式，举行各种观摩活动，让更多的校内外教师了解这些成果，研讨这些成果，运用这些成果，深化这些成果。示范观摩常有两种形式：一是成果展览，即通过网络信息或展览板等，定期或不定期地将校本教研成果进行展览。二是课例观摩，即利用典型课例，组织成果研究者上示范课，以通过课堂教学实践，研究者传播自己的成果；通过课后教学评价，听课者内化相应的教研成果。例如，某区在高一地理每模块单元教学之前，都组织教师去听典型课例观摩课。这样以典型课例为引领，有效、规范地推进了该区地理学科改革。

四是结对互助。一般来说，凡在校本教研中有一定成果的教师，大多是有一定的理论素养、勤于思考探索问题、教学经验比较丰富的骨干教师。让这些骨干教师与其他教师结成互助小组，既可以使骨干教师的校本教研成果得到及时推广，又促进了其他教师专业水平和校本教研整体能力的提高。校内结对互助比较容易实现，但校际之间的结对互助相对来说就不太容易。为此，区域层面可以探索以下两种形式组织校际之间的结对互助：一种是优秀备课组与薄弱备课组集体结对互助；另一种是重点中学的骨干教师与一般中学的非骨干教师结对互助。通过这两种形式的结对互助，不仅使骨干教师的校本教研成果分享给他人，更重要的是可以从区域层面解决教学资源不平衡的问题。

五是迁移辐射。就教学而言，不同的学科都有各自独立的要求和特点，但不同学科也有共通的内在规律。因此，在推广校本教研成果时，可以充分挖掘不同学科之间共性相通的内容，将特定学科的校本教研成果迁移辐射到其他学科。通过这样的迁移辐射，学校内可以形成良好的校本教研氛围，教师开展校本教研的能力也会得到整体提高。某校语文组基于对语文学科本质的把握，找到了提高学生语文学科素养的关键，开发了相应的校本课程读本。该校立即把语文组集体校本教研的成果，有目的有计划地在校内推广。其他组也从审视学科本质，提高学生学科素养出发，纷纷开发出了既满足学生需要又体现本学科特点的校本课程。

六是借助媒体。借助媒体的方式，是一种间接推广，一般由区域教育行政部门、教研部门或学校来组织实施。需要注意的是，校本教研成果的表述，一般不提倡以学术性论文或专著的形式呈现，鼓励教师更多的采用一种"叙事式"的表述。这并不意味着绝对反对教师写学术性论文或专著，只是希望教师在用学术性论文或专著来表述校本教研成果时，不要简单地"贴标签"式地阐述某种教育理论，而要以具体的教学实践为基础，着重阐明自己基于理论所形成的具有启发性和推广价值的结论。

第二节 校本教研的评价制度

科学合理的评价是校本教研持续健康发展的重要保障。构建校本教研的评价制度，不仅能促进校本教研的顺利进行和有效开展，还将激励教师积极参与校本教研，提高教师专业化发展水平。因此，校本教研的制度建设离不开评价制度的建立与实施。

一、构建校本教研评价制度的基本原则

坚持发展性原则。首先，校本教研的评价制度是为了促进校本教研的有效开展。任何活动都有一定的目的，都有相应的效果评定和价值判断。只有确定了评价制度，形成一定的评判标准，才能判断校本教研活动的实施情况、价值大小。倘若评价不能促进校本教研的有效推进，那么也就失去了基本的价值。其次，校本教研的评价制度是为了促进教师的专业发展。通过对校本教研的评价，教师能够看到校本教研中存在的问题，及时加以调整和改进，更好地通过校本教研来解决自己在教育实践中遇到的困惑与问题，更加深入地反思，从而提升自己的教育教学水平。再次，校本教研的评价制度是为了促进学生的全面发展。当评价促使教师在校本教研中有所收获、对自己的教学持续改进时，其直接"受益者"必然是学生，教师

不断学习新的教育教学理念、改进教育教学方法、选择合适的教学模式，必将促进学生的持续发展。因此，从根本上说，校本教研评价制度的构建，是为了促进校本教研的有效开展、教师的专业发展和学生的全面发展，从而实现学校的高质量发展。

坚持校本性原则。当前，在构建校本教研评价制度中，有些学校简单地采用拿来主义，机械照搬其他学校的评价标准，或者僵化地执行上级规定的相应评价指标，根本不顾及本校的适应程度。实际上，校本教研是立足本校实际情况进行的，相应的，对其评价也应该具有"校本性"。每所学校校本教研的基础不同、条件不同，所以评价的标准和结果也应该不同。学校应该根据本校的实际情况和教研基础，因校制宜地对学校校本教研情况进行准确的评价。倘若不坚持校本性原则，那么评价很难真正实现科学合理，也不能真正促进学校教研的改进和有效推进。

坚持激励性原则。评价本身不是为了"找茬"，而是在发现问题的过程中更好地促进教研活动的推进。所以，在校本教研的评价制度构建中，必须要体现出激励性原则，坚持以人为本，体现公平性。一方面，通过评价来鼓励先进，调动教师参与校本教研的积极性和创造性；另一方面，在评价中发现问题，积极寻找改进策略。所以，从根本上说，评价是为了促进发展，要坚持以激励为主。同时，这种激励是与正确的指导相关的，尤其是在发现问题时，必须要持续性地对其进行指导，如此才能激励教师积极改进，确保校本教研始终在正确的轨道上发展。

坚持规范性原则。对校本教研的评价并不容易，要么因为过于量化而僵化，引起教师抵触；要么因为太过主观而有失公允，失去了评价本身的价值和意义。所以，在制定相应制度和标准时，必须明确具体、科学的规范，既要符合评价的科学性和合理性，又要具有很强的针对性和操作性；既能够发挥评价本身的价值判断作用，又能够激励教师、促进校本教研的持续有效开展。这就要求不仅制度本身要具有科学性和实践性，制度制定的过程也要公开透明、民主协商，体现公平公正。

二、校本教研评价制度的制定与实施过程

（一）准备——校本教研评价制度的制定

1. 制定校本教研评价制度的过程

在评价正式开展之前，学校需要做的一个重要准备就是制定校本教研的评价标准，并构建相应的制度。能否制定科学合理的评价标准，直接决定校本教研评价制度是否具有相应的科学性、合理性和实践性。所以，构建校本教研评价制度的关键是确定评标标准。此外，还得关注整个评价制度的建立，包括谁来评、评什么、如何评等。但是，需要注意的是，校本教研评价制度的制定过程并不是一蹴而就的，它包括以下三个阶段：

一是广泛调研，了解本校开展校本教研的基本情况。既包括当前学校校本教研的基础，即学校现有的用于校本教研的条件和资源，如教师专业发展水平、学生学习现状、学校教研氛围、学校教研的资金和条件设备等；又包括当前学校校本教研的现状，如教研主题的安排和具体的活动形式有哪些；还包括学校当前是否有对校本教研的评价，如何评价，在开展评价中出现了哪些问题等。这为制定科学合理的校本教研评价标准和具体制度内容提供了背景性支撑和帮助。

二是初定标准，广泛征求教师意见。在调研的基础上，结合学校校本教研的实际情况，学校提出校本教研的评价标准和评价制度安排，并将此向全体教师公开。一方面，这可以让教师更清晰地明确校本教研的目标、主要内容、主要环节等，了解对校本教研评价的重点和环节；另一方面，这也方便教师基于自己的体验，对评价的标准和制度的具体内容提出意见

和建议。

三是完善标准，正式推广实施学校教研评价。在广泛征求教师对评价标准和制度的意见基础上，学校要合理吸收相关意见，并对教研评价标准和具体制度进行调整和完善，正式进行推广实施。

2. 校本教研评价标准的主要内容

从当前已有研究和实践来看，校本教研的评价标准有不同类型，有的偏重于从教研组考核标准来看，有的更倾向从教师专业发展的角度来判断。相对而言，有研究者基于发展性评价理论所提出的校本教研评价标准，构建了基础、状态、资源、成果 4 个一级指标和 14 个二级指标共同构成的标准体系，具有一定的代表性。[1]

具体而言，基础层着眼于学校开展校本教研的基本条件的观察和诊断，包括学校的教研制度、组织结构、师资结构和经费保障四个层面。教研制度是学校内部组织管理机制的外部体现；组织机构是指学校对校本教研是否有完整、常规的组织形式；师资结构是指教师的年龄结构、学历结构和业务结构，年龄结构是指老中青的梯次结构，学历结构是指学科教师的学历情况，业务结构是指学科带头人、骨干教师、新晋教师的梯次结构；经费保障是指学校是否有充足且专门的经费资源。

状态层着眼于校本教研的运行状态和实施效果，包括常规管理、实施落实、专业反思、同伴互助和专家引领 5 个二级指标。常规管理和实施落实着眼于校本教研各项管理制度的落实、评价、反馈和改进，是组织结构对教研制度的落实和实施状态的观察。专业反思、同伴互助和专家引领是校本教研的三大重要方法，对其方式方法和实施效果进行过程性的记录，从中可以看出教师存在的问题和发展状态。

---

[1] 张海新.试论校本教研发展性评价体系的构建 [J].教育导刊（上半月），2016（9）：15—19.

资源层包括参与学校校本教研的专家成员构成和课程构成。通过对专家成员的类型分析和学校课程类型的分析，确定学校校本教研的资源获取和运用的能力和水平，分析其低效的直接原因。

成果层指的是近三年学校的教科研成果，包括教学案例、课题报告、教学论文、教学专著等。校本教研的成果是否有价值是校本教研成功与否的重要标准，其成果价值应首先体现在促进学校发展上，其次是促进教师个人的成长。从对成果的管理、形式、应用状态的观察可以判断学校对于校本教研的理解状态和校本教研的开展阶段。

表3：校本教研发展性评价指标体系表

一级指标	二级指标	等级		
		A	B	C
基础	教研制度	教研管理制度健全，落实校长负责制，分工明确，有操作性，服务于学校特色发展，顺应教育发展潮流	成立校长负责制，管理制度基本健全，操作性一般，基本符合学校发展实践	无管理制度
	组织结构	有完整的组织形式，有计划有总结，主题明确，措施可行，总结及时	教研组有计划有总结，但组织效果不明显，有校内非正式教研组织	有教研组，无计划和总结，组织基本无效
	师资结构	师资年龄结构、学历结构、业务结构合理	年龄结构、学历结构、业务结构一般	年龄结构老化，学历层次较低，业务能力弱化
	经费保障	经费充足，专款专用	经费充足，但与其他经费混用	相关经费不充足

续表

一级指标	二级指标	等级		
		A	B	C
状态	常规管理	定期检查反馈和修整	不定期检查反馈和修整	无检查反馈和修整
	实施落实	有效落实各项制度	基本落实各项制度	无落实
	专业反思	反思数量足够，反思方式灵活多样，专项评价有效，反馈及时	反思有一定数量，反思方式多样，有专项评价	反思不足
	同伴互助	积极开展个体间教学交流、教研组交流，并乐于同伴互享	开展个体间教学交流、教研组交流	较少或没有
	专家引领	有固定的专家交流团（专、兼职），建立灵活多样的交流形式（专题报告、理论学习、现场指导、专业咨询）	有固定的专家交流团（专、兼职），有多样的交流形式	很少专业交流，基本不能发挥专家作用
资源	专家资源	积极建设各级各类专家库，符合本校发展实际	建设各级各类专家库，基本符合本校发展实际	随机性专家资源
	课程资源	积极建设校本课程资源库，并通过灵活有效的形式实现教师共享	建有校本课程资源库，并通过一定的形式实现教师共享	碎片化的课程资源库，教师不能有效共享

续表

一级指标	二级指标	等级		
		A	B	C
成果	成果管理	教研档案管理、课程资源管理、教师成长档案管理都具备且落实	具备一部分成果管理制度且落实	均无
	成果形式	有一定数量的教育教学成果，符合教师发展状态，且有多种成果形式	教师有成果，撰写并发表	很少
	成果应用	教研成果有效地应用到相应教育教学中，并定期将反思与总结提交给教研组织	教研成果应用至教育教学，有本校应用总结报告	教研成果少，故无法应用到教育教学中

（二）实施——校本教研评价信息的收集

依据校本教研评价标准，学校主要采用自评与他评相结合的方式来收集校本教研评价的信息。

一方面，学校、教研组或个人应基于校本教研的实际活动情况开展自我评价。自评有利于更加真实地了解活动进展，进而全面收集相关信息。同时，自评能够充分尊重参与校本教研教师的主体性，激发他们的内部动力。教师在自评的过程中，反思自己的教学实践，反思自己在校本教研过程中的观念和行为变化，梳理自己的所得所思，审视自己的教学实践。教研组通过自我评价，反思所选择的研究主题是否符合实际需要，活动计划是否恰当，组织安排是否妥当，教师是否都积极参与，协调和督促的功能是否得到充分发挥，教学实践是否得到真正的触动和改变。学校通过对校本教研的自我评价，进一步反思相应制度是否完善、本校教研氛围是否形成、教研是否真正推动了教学质量提升等。自评通常是基于相应的评价标准，由自评者给出相应的报告或者结论，也可以采用叙事、日志、表格、图示等方式，为评价的最终结论提供参考。

另一方面，要重视他人对校本教研活动的评价。他评的评价主体有教师同行、其他教研组、学校领导、专家等。自评因为缺少外界参照，可能在一定程度上带有主观性；他评的结论相对比较客观和可靠，在一定程度上弥补了自评的不足。他评主要是通过其他人的调查了解，对校本教研进行评价、判断和监督，进而促使学校真正开展、落实校本教研。所以，他评的目的不是简单地收集一些信息存档，也不是为了给出一个评价结果和判断结果，而是从根本上去发现自评过程中所忽略的问题，更好地促进校本教研的开展。所以，他评的关键是评价者与被评价者的合作，不能让被评价的教师因为感到"被监视"而心生抵触，消减了参与校本教研的积极性和主动性，而是要让双方都本着相互理解和协商的原则，多方面了解，多角度观察，最大限度地获取相关信息，促进校本教研的改进和教师研究能力的提高。

无论是自评还是他评，其关键是要在全面了解实际情况的基础上对校本教研现状进行判断和分析。所以，评价者所搜集的信息一定要充足，可以采用观察、访谈、调查研究等多种方式多角度、多方面地了解校本教研的实际情况，做到既有量化的数据支撑，也有描述性、解释性的说明与分析。

（三）总结——校本教研评价的反馈及跟踪

评价的根本目的是促进改进与发展，因此，评价之后的关键举措是合理利用评价结果，向被评价者进行建议反馈，切实督促实践的变革。

评价反馈是有选择性的，不同的内容应反馈给不同的主体。对于校本教研的制度、管理、组织和保障方面的结论及建议，应该反馈给学校，促使学校从整体制度构建方面来改进校本教研；对于教研组教研主题选择、活动安排以及活动总结等内容的相关判断和建议，应该反馈给教研组，由教研组长带领本组教师有针对性地进行改进；对于具体某个教师在研究方面的意见和建议，应该直接反馈给教师个人，督促教师个体的调整、提高。通过反馈，学校要及时和被评价者进行沟通交流，进一步收集相应的反馈意见，建立档案，并制订工作改进方案和计划，及时对实践进行跟踪，确保反馈的实际效果。

　　学校要合理利用教研评价结果，尤其要让评价发挥激励导向作用。学校在定期对校本教研活动开展评价之后，要及时公开相应的评价结果和情况说明，广泛宣传正面的优秀典型。其一，对优秀典型教研案例应该及时总结归纳，对其经验进行提炼，挖掘其特点，以便于全体教师的学习与推广。其二，对于共性的问题，要引导教师共同研讨，找到相应的解决策略，采取措施，及时予以纠正和解决。其三，积极引导教师个人建立自己的"成长档案"，让他们借此"看到"自己的发展历程、当前的发展状态、改进的方向以及未来可能达到的发展水平，进而提升他们对校本教研的积极性和关注度。其四，合理利用评价带动学校形成良好的、相互学习的校本教研氛围。

第三节　校本教研的保障制度

校本教研的推进不仅需要组织制度和评价制度作支持，还需要相应的保障制度。通过保障制度，学校才能建立起校本教研活动的组织领导机构，保障校本教研所需资源的供给，鼓励和强化教师对校本教研的参与。学校以制度保障校本教研所需要的组织资源、条件资源和教师资源，确保校本教研的有效开展。

一、校本教研的组织资源保障制度

组织机构反映的是一个组织中的正式工作关系，这一关系明确了不同职位的工作任务以及它们彼此之间的关系。校本教研的有效推进离不开一定的组织结构，学校若没有设置相应的组织机构对校本教研进行领导、管理和组织实施，而是完全靠教师自觉参与，那么校本教研的实效性是非常有限的。所以，推进校本教研，必须要构建相应的组织机构，明确校本教研推进过程中的权与责，加强对校本教研的领导和管理。

其一，组建校本教研领导小组，发挥学校领导的表率作用。为了凸显校本教研工作的重要性，强化管理职责，学校应当组建校本教研领导小组，明确领导成员的相关职责。一般来说，领导小组的第一负责人是校长，强化校长在学校教研工作中的"带头人"角色，不仅有利于协调各方资源、为校本教研提供保障，还有利于促进教师进一步认识校本教研的重要性。同时，对副校长及相关学校领导的职责都应有相应的责任条款予以明确。只有校本教研领导小组的责任明确，才能凸显学校对校本教研的重视，强调学校领导的表率作用，从而更好地推动校本教研的开展。

[**案例**] 厦门市大同中学行政干部下组督导力促校本教研[1]

为加强教研组建设，大同中学尝试行政干部下教研组督导。由校级领导重点负责学校薄弱教研组建设，并定期调整，其他中层原则上在本学科教研组。由于有学校的行政任命，行政干部的角色发生转变，不再是普通组员，而是要参与教研组工作计划的制订，组员的出席率及活动时效性的督察，组员教案、作业和听课记录的定期检查，学科教学质量的监督和提升，课题研究引导和实施以及教研组的特色建设等。成为教研组长的坚强后盾，教研组例会逐步从常规的上传下达，向各种形式的特色活动转化，提高了教师参与校本教研热情。

其二，变革学校组织结构，将学校管理重心下移。层级式的学校组织机构往往使得权力重心上移，每一级都要听命于上一级领导，校长下达命令到中层领导，中层领导转达命令给基层干部，基层干部再安排具体教师完成命令，这形成了一个长长的"链条"，导致基层干部或者教师只能被动地接受上一级的安排，在向"上"看的同时，缺乏主动发展的意愿，也无暇顾及"左右"，相互学习的意识不足。所以，在推动校本教研发展的过程中，可以适当将学校管理重心下移，由"宝塔式"的科层组织结构转变为扁平式的网状组织结构。纵向上，减少管理层级，权力重心下移，有利于调动校本教

[1] 邱伟坚，陈希梅.校本教研精细化管理对策及成效分析——以厦门市大同中学校本教研管理为例 [J].福建教育学院学报.2018（12）：91—94.

研组长的积极性和主动性，加强校长对校本教研的直接领导与管理；横向上，整合同层管理部门，在进一步明晰各管理部门的职责与地位的同时，为教研组的发展提供了组织保障。比如，有的学校将原有的"教导处"和"教科研室"合并重组为"课程教学部"，将原有"德育室"改名为"学生工作部"，将原有"总务处""校务办公室"和"寄宿部"合并重组为"校务管理部"，同时新增了"信息技术部"，以信息环境与专业技术来保障与促进校本教研的有序推进。这使得教学实践与研究的职能合二为一，避免出现"教""研"两张皮的现象，教研组长不再"两头听命"，为教研组研究功能的激活打下基础；另一方面强调学生工作部、校务管理部和信息技术部促进与支持研究的作用，为教研组研究功能的发挥提供了保障。[1]

[案例] 厦门市大同中学建立协同合作校本教研管理机构[2]

面对不同年龄、专业、层次、岗位的教师群体，大同中学将校长、书记、办公室、教务处、德育处、总务处一并纳入校本教研管理机构，协同教科室做好教师师德和师能发展的工作。其中校长为第一负责人，书记负责校级领导、中层领导的师德发展，利用每周一次的中心组学习，组织校级领导、中层领导开展大政方针、教育理论、政策法规等的解读工作，提高校级领导、中层领导政策意识和管理水平。办公室负责全体教师，教科室负责教师梯队，特别是见习期和工作五年内的教师，德育处负责年段长、班主任的师德水平提升，通过政策解读、专家讲座、视频激励、现身说法等形式让教师的师德师能教育蓬勃开展。教务处协同教科室做好教师师能发展，总务处给予校本教研资金规划和经费的有力保障。（如下图）

［1］ 王雪茹.学校转型变革背景下教研组长角色研究［D］.华东师范大学硕士学位论文，2012：38.

［2］ 邱伟坚、陈希梅.校本教研精细化管理对策及成效分析——以厦门市大同中学校本教研管理为例［J］.福建教育学院学报.2018（12）：91—94.

党总支　校长室

教务处　教研组　备课组

教科室　教研组长　备课组长

德育处　办公室　总务处

教学常规　规划制度　校本研训　教科研指导　教科研管理　课题研究　师德培训　经费保障

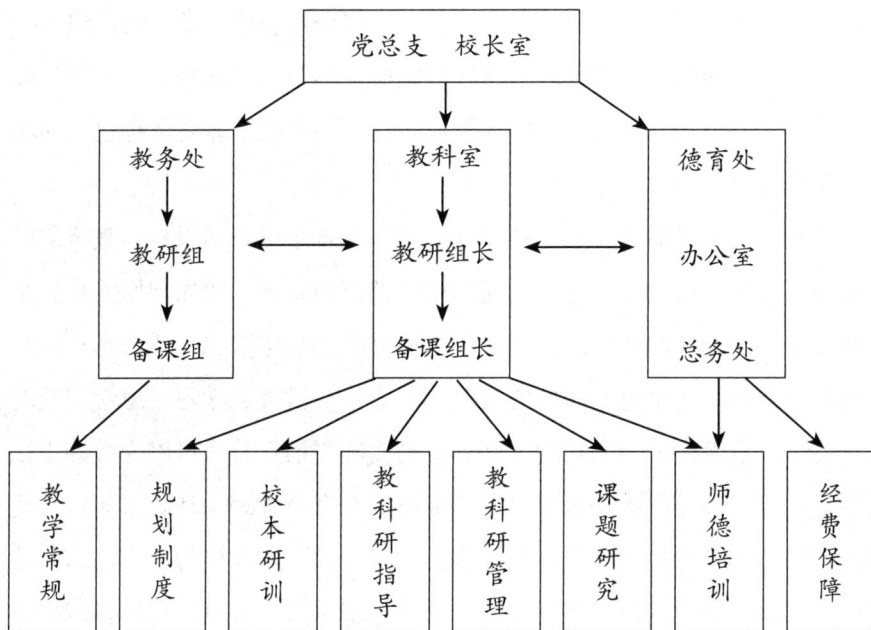

二、校本教研的条件资源保障制度

首先，校本教研需要一定的经费作为保障。学校要确保校本教研工作的有效推进，可以将教育经费的预算向校本教研倾斜，给予足够的专项经费支持，包括校本教研的教师培训费、专家咨询费、教研组和备课组的活动建设经费、相关资料费、校本教研课题的科研经费，还有对优秀校本教研案例的奖励经费等。学校要建立校本教研经费保障制度，确保学校严格按照相应的财务制度规定，实报实销，为校本教研提供所需经费。

其次，校本教研需要一定的时空保障。学校定期安排统一的校本教研活动，一方面需要提供开展教研活动的空间，确保教师有地方进行教研；另一方面，要协调好教学时间，保障教师参与校本教研的时间与其他教学工作时间不冲突。这就要求学校在推进校本教研之初，就要将地点和时间协调好，例如不同的教研组要在什么地方开展校本教研活动、教研组与备课组各自活动的安排、教师教学时间的相应安排等。若学校不能在空间和时间上给予保障，教师将不能按期参加教研，那么校本教研本身也就无法真正得以实现。

再次，校本教研需要信息技术支持。信息技术可以增强校本教研的时效性和便捷性。利用网络可以加强对校本教研的管理，比如利用信息技术协调教研活动的时间和空间，确保在学校有限的时空资源下让校本教研如期进行；或者将各组校本教研的情况实时通报，供大家学习、思考；及时发布关于校本教研的相关规划、计划、制度等。信息技术可以为教师提供更多的学习资源，网络平台及时上传最新的教育教学理论和政策研究、优秀的实践案例，为校本教研提供更多的学习资料，实现资源共享。信息技术还可以为教师的教研提供更好的交流和分享平台，教师既可以在网络上书写自己的教育日记、教育反思和感悟，也可以通过网络与他人共同研讨特定问题，让教研在网络上得以延续。这些信息技术的支持需要学校甚至区域给予足够重视，在资金投入和技术支持的同时，也要通过制度的形式对其进行维护和规范。

三、校本教研的师资保障制度

校本教研的有效与否，与教师团队的专业素养高低密切相关。教师能有效地参与校本教研并有所收获，需要一定的文化氛围和培训支持。所以，就师资保障制度而言，主要关注两个方面：构建研究氛围和加强教师培训。

首先，以制度强化教师参与研究的氛围。鼓励教师参与校本教研，需要学校通过制度逐步强化、有序组织。华东师大第一附属中学的教师有重视研究的传统，曾经多次提出有价值的教育教学改革研究课题，并取得了一批有影响力的研究成果，被普教系统誉为教育科研的"一附中现象"。该校成功的经验就是制订了一套科研领先的工作机制：学校在制订工作计划时，先制订教育科研计划；议事或处理问题时，先进行科学论证；在总结学校工作时，先总结教育科研工作；学校在评优时，首先考虑在教育科研方面做出成效的教师。[1]这意味着，制度在营造教师参与研究氛围中发挥了重要作用。制度对教师参与校本教研应该有明确的规定，一方面要有刚性的要求，校本教研的时间、地点、人员、主题、过程、评价等要通过制度得到规范；但另一方面，制度又要体现出柔性的关怀，不仅仅是体现在关于校本教研的相关制度中，在学校的整个管理制度中都应该体现出对教师参与研究的鼓励和尊重，尊重教师的主体性和自觉性，关爱教师，为教师的才华展示提供一个良好的制度环境，给予教师能通过研究得以成长的制度空间和平台，鼓励教师读书和思考，对于积极参与教研、在教研中实现自我发展的教师要及时给予相应奖励。以制度来推动、鼓励教师投身于研究之中，以制度来强化校本教研的氛围。

其次，通过制度规范教师的学习与培训行为。校本教研需要教师具备一定的科研素养，但教师往往缺乏相应的研究能力和素养，这需要学校通过一定的制度来鼓励、规范教师的培训，以培训的方式来促进教师科研素养的提升。从方式上看，这种培训以校本培训为主，即把培训放到学校之中，渗透到教师的教育教学实践之中，使教师培训基层化和全程化，教师不必脱离岗位和转换角色，在自己的实践之中便可完成相应培训；从主体上看，中小学学校是培训的发起者和组织者，应由本校教师共同探讨并确定出培训主题来进行培训；从内容上看，培训既包括教师的研究意识，又包括教师的研究能力。研究意识是指教师以研究者的眼光审视自己的教学实践，

---

[1] 陶小青.在科研氛围中孕育名师[J].上海教育，2003（7B）.14—15.

彻底摆脱课程依附者和命令的执行者等被动角色。只有具备相应的研究意识，教师才能真正地观察、研究和思考自己的课，才可能发现自己课中的问题，进而寻求改进策略。研究能力，既包括教师确定课题、跟踪调研、统计数据并做比较分析等一系列实用性技能，又包括教师撰写论文、调研报告或更大规模文字作品的编著能力，还包括教师顺应网络化趋势，全方位拓展信息交流渠道；高效利用信息资源，不断提高信息收集、分析、处理、加工与存储效率等多方面的能力。学校在确立教师培训制度时，需要注意的是，培训制度要有针对性、可行性、实效性和开放性，即培训应基于教师需求、围绕教师在实践中的问题来进行，要具有针对性；培训的前提是给予教师一定的时间和空间保证，确保培训的可行性；培训应该结合学校实际需求和实际条件，精选培训者和培训方式，确保实效性；培训过程中，应及时与参与培训的教师进行沟通交流，了解他们的需求和建议，让培训具有一定的开放性。

后 记

随着课程改革的深化以及"双减"政策的落地，我们越来越认识到，要提高课堂教学质量、促进学生全面发展，离不开高水平的教师队伍建设，而校本教研是提高教师专业素养的重要方式之一。校本教研到底是什么？校本教研该如何开展？校本教研的有效性该如何保障？对这些问题的回答将对促进教师真正的发展、切实提高学校教育教学质量具有积极的意义。本书正是在梳理校本教研发展历史的基础上，试图探讨校本教研的主题与活动设计、相应制度构建以及教研组组长能力提升等内容，以期能为我国校本教研的推动提供有价值的参考。

感谢教育部教育发展中心副主任陈如平研究员的精心策划与无私指导，感谢北京交通大学附属中学为我提供推进校本教研的实践平台。还要感谢山东友谊出版社王俊杰和李丹编辑对本书稿所付出的大量心血，没有她们的支持就没有本书稿的完成与出版！